Selected Work of Teiji Nakai
dyed images

JN305245

中井貞次作品集
―イメージを染める―

Selected Work of Teiji Nakai
dyed images

傘寿記念

中井貞次・その表現

梅原　猛

Teiji Nakai: Expressions

Takeshi Umehara

中井貞次氏の傘寿を記念して作品集が刊行されるにあたり、私に一文を書くよう依頼があったので、喜んで承諾した次第である。

　私は1972年から14年間、京都市立芸術大学美術学部に勤務し、3期9年間学長を務めた。そこで中井氏と親しくなったが、彼にはシャイなところがあり、自己の人生や芸術について私にあまり語らなかった。しかし彼は、課された仕事は完璧にこなし、学長としての私を陰で支えてくれたと思う。

　そして彼は東西の文化についての深い知識にもとづく静かで美しく深みのある染色作品を制作し続けた。そのような中井氏が高く評価され、1993年に日本藝術院賞を受賞、2008年には日本藝術院会員に就任したのも当然といってよかろう。

　芸術家中井氏について語るとき、見過ごすことのできない二つのことがある。一つは、中井氏がすぐれた染色家である小合友之助から厳しい指導を受けたことである。「無冠の大夫」といわれた小合は、賞に恵まれなかったものの、一級の教養人であり、東西の文化について深い知識をもち、そして彼が京都市立美術大学で指導する学生一人一人の個性に応じた教育を行った。彼の弟子に佐野猛夫、三浦景生、来野月乙などがいて、私は彼らから小合の偉大さをよく聞かされたものである。

　中井氏も京都美大に在学した6年間、小合からみっちり教えられたが、小合が教えたのは染色の技術のみではなかった。西洋の美術、文学ばかりか音楽についても甚だ深い関心をもつ小合は、美術は音楽と密接な関係があることを中井氏に語った。そして小合は、藍色こそ日本のもっとも伝統的な色と考え、藍という色の底知れぬ魅力を中井氏に教えた。中井氏の芸術が藍を基本としているのは、そのような小合の影響であろう。

　もう一つ、特筆すべきことがある。それは、1961年10月から62年7月まで、クウェート、イラン、

トルコ、ギリシャ、パキスタン、インドへと、陶芸家の小山喜平氏とともにワゴン車一台で研修旅行をしたことである。それは無謀といってもよい危険な旅であった。

　その旅行において中井氏は、すぐれた芸術的遺物を直に見ることによってイスラム文化及びキリスト教文化を肌で感じるとともに、冬は極寒、夏は酷暑という気候の極端なそれらの諸国と、緩やかに四季が移り変わる日本との風土の違いを痛感した。その中井氏の書いたタピスリー論やカーペット論などは芸術家の書いた芸術論として甚だ秀逸である。

　さて、中井氏の芸術についてであるが、その作品は具象といってよいか抽象といってよいか分からない。おそらく彼が旅で見た中東の風景を題材にしているのであろうが、その風景は甚だ抽象化されている。そして色彩の主体は彼が小合から学んだ藍である。藍染は染色の基本であろうが、藍というのは実にさまざまに変化する。その藍の変化を緻密に考えられた形の抽象性と組み合わせて、巧みに中東の風景などを表現する。それは彼がイメージした風景を再現したものといってよい。そこでは叙情性が極度に抑えられているが、作者の奏でる静かなる音楽が聞こえてくるように思われる。

　特に2000年ごろに描き始めた桂林を題材とする一連の作品はすばらしい。それはまさに藍で表現されたみごとな桂林の風景であるが、このように藍でもって桂林の神秘性を表現した芸術家を私は中井氏以外に知らない。

　そして最近、中井氏はやはり藍でもって日本の森を中心とした風景を表現している。それはときに田園、ときに火山の風景であるが、中井氏が究極的に表現しようとするのは森ではないかと思う。日本の神々は日本の森に住んでいるが、その神々の正体はまだ捉えられていない。彼の最近の作品に、私は知られざる神々を求める一種の宗教性を感じるのである。

（哲学者）

I was glad to accept an invitation to contribute my impressions of Prof. Teiji Nakai when I heard of the publication of his 80th commemorative anthology.

For fourteen years, since 1972, I have worked in Kyoto City University of Arts Department of Fine Arts and for nine years (three terms) I occupied the position of president. At that time, I became familiar with Prof. Nakai, however, possessing a shy personality, he did not talk about his life or his arts so much. Still, he was excellent at his profession and he always discretely supported me—from the shadows as it were.

At Kyoto City University of Arts Prof. Nakai continued to create soothing, deep, and beautiful dye arts based on his wide knowledge of Western and Eastern culture. After being awarded Japan Art Academy Prize in 1993, Prof. Nakai was highly admired which in turn eventually prompted his inauguration as a member to the Japan Art Academy in 2008.

There are two things that should not be overlooked when talking about the artist, Prof. Nakai. Firstly, Prof. Nakai was trained under the strict tutelage the superb dye artist Prof. Tomonosuke Ogou. Although considered an "uncrowned master" (for a conspicuous absence of awards), Prof. Ogou was a first-class scholar who was not only supremely knowledgeable about Western and Eastern cultures but who also was a teacher at Kyoto City College of Fine Arts who responded to each student individually. I was informed of Prof. Ogou's professional qualities many times from his pupils, Takeo Sano, Kageo Miura, and Tsukio Kitano.

Prof. Nakai worked closely with Prof. Ogou for six years when he was at Kyoto City College of Fine Arts, however dyeing techniques were not the only things Prof. Nakai learned. Having a great interest in Western arts, literature, and music, Prof. Ogou illustrated the close relation between music and arts. Moreover, considering that indigo blue is the most traditional color of Japan, Prof. Ogou conveyed the immeasurable appeal of indigo to Prof. Nakai. The reason for the proliferation of indigo in this anthology comes directly from Prof. Ogou's influence.

I should mention another contributing factor to Prof. Nakai's work and that is the overland study tour from October 1961 to July 1962 with the potter Kihei Koyama. The trip must have been intriguing considering they traveled through Kuwait, Iran, Turkey, Greece, Pakistan, and India.

Prof. Nakai had understood from his experience during the journey and wrote superb articles. Prof. Nakai explored artistic relics of Islamic and Christian societies and became aware of the differences between regions with extreme climates (extremely cold winters and extremely hot summers), compared with the calm transition of seasons of Japanese romance. The tapestry theory and the carpet theory that Prof. Nakai wrote after his trip are one of the most superb art theories written by an artist.

As I imagine Prof. Nakai's artwork, I'm not certain if it is primarily figurative or abstract. It seems to me that he bases his subject on the kind of Middle Eastern scenery, but those vistas are greatly inundated with indigo (Prof. Ogou influence). Although indigo color is the basic color of dyeing, however the artist can manipulate indigo to various shades or gradations. Combining variations of indigo and carefully planned abstract forms can create a skillful expression of the Middle East landscape. One can clearly see that such scenery is a reproduction of Prof. Nakai's visualization which includes a greatly suppressed lyricism so that it seems as if one can hear quiet music.

The wonderful scenery of the Guilin series expressed in indigo, which Prof. Nakai began around 2000, is particularly superb. I cannot think of any artists who can express this mystic indigo scenery of Guilin as Prof. Nakai.

Even today, Prof. Nakai is still using indigo to convey the sense of the Japanese forests. Although sometimes the countryside or scenes of volcanoes are invoked, I feel that Prof. Nakai is ultimately trying to express the spirit of the forest. Japanese gods inhabit the mountains, even though their physical shapes are still nondescript. As I ponder Prof. Nakai's recent work, I deduce a kind of religious quest for those unknown gods.   (philosopher)

豊饒な藍染の世界 —中井貞次作品集に寄せて—

内山武夫

The Rich World of Indigo Dye: Teiji Nakai's Anthology

Takeo Uchiyama

この度旧知の中井貞次さんの作品集が刊行されることとなったことは実に喜ばしい。それは長年待望されていたことであるが、驚いたのは「傘寿記念」と冠されていることである。勤務しておられた京都市立芸術大学を定年退任されたのは、数えてみれば確かに十数年前のことだから当然のことなのだが、傘寿ということがすぐには信じられないのだ。中井さんとの面識を得たのは、私が勤務していた京都国立近代美術館で、『小合友之助・河合卯之助二人展』が開かれた昭和46年だったと思うから、実に40年以上も前のことになる。近年は私も退任しており、そうそうお会いする機会はないのだが、お会いすると髪も黒々とされていて実に若々しいから、とても傘寿という実感がなかったのである。

　中井さんは昭和7年1月4日、京都市北区生まれ、父上が銀行勤務であったため、幼少年時を大阪府の吹田と茨木で過ごし、終戦間際の昭和19年に京都に戻って右京区太秦で暮らし、戦後は桂中学校、桂高校、学制改革で西京高校に編入して昭和25年に卒業し、京都市立美術大学工芸科に入学した。幼い頃から美術が大好きで、高校時代には家の近くの広隆寺の蓮池や北西に聳える愛宕山などの写生に没頭していたのを見た兄が勝手に願書を提出したのだという。
　大学では最初の2年間は陶芸から染織、漆工など全ての工芸分野の基礎教育を施され、3回生から自分の志望する分野の専門教育を受けるのだが、中井さんは染織専攻、それも蠟染を自分の道として選んだ。当時の京都市立美術大学の染織科には蠟染の小合友之助、型絵染の稲垣稔次郎という極めて優れた指導者がおり、染織科の黄金時代として今にまで語り継がれている。中井さんが蠟染を選んだのは、それがより絵画性が強い技法であること、さらに小合の自由で闊達な造形世界に魅せられたからであった。

小合友之助は明治31年、京都の友禅の型彫りを業とする家に生まれ、京都市立美術工芸学校図案科に学び、大正5年の卒業後は都路華香塾で日本画を学んだ。明治末期からの『白樺』などに代表される芸文思潮の洗礼を受け、かつて華香に教えを受けながら、当時は南画風に転じて院展に出品していた冨田渓仙の自由な作風に憧れ、大正12年の院展に出品して入選、またその前年には独学の油絵で関西美術展に入選するなど自由な活動を示した。昭和初期から染色作家を志し、7年の帝展初入選以来、帝展、新文展、戦後の日展で活躍し、京都市展、京展にもほとんど毎年出品した。小合は古染織にも造詣が深く、また音楽をこよなく愛して、それを造形に生かした。学生に対する指導は言葉少なの意心伝心という風で学生たちはとまどうことも多かったようだが、深遠な世界を感じ、大いに魅せられたようだ。中井さんが教えを受けた昭和20年代後半は、まさに小合の自在の線が顕著になり始めた頃で、色面と線が絶妙に絡み合う独自の作風が展開されていくのを中井さんはすぐ近くで一種の驚きの眼で見守っていたに違いない。

　中井さんは昭和31年に京都市立美術大学専攻科を修了後、工芸科図案専攻の助手となって学校に残ったから、小合への注目が続いたが、図案専攻を指導した建築家の上野伊三郎、その妻フェリス・リッチから、小合とは異なる新鮮な刺激を得ることができた。上野はベルリンとウィーンで学び、一時ウィーンのヨーゼフ・ホフマンの建築事務所で働いた経験をもち、リッチはウィーン工芸学校に学び、ウィーン工房でテキスタイル、ガラス、七宝などのデザイナーとして活動した人で、この二人から20世紀初期のウィーンを中心とした建築やデザインの動きを感取することができた。またリッチの指導する「色彩構成」は与えられたテーマのもとに、生徒が自分で作成した色紙や既成の色紙によって構成するもので、構想と色や形の構成が必須の問題であることを体得させてくれた。小合に見た南画

的な世界とは対照的な世界を知ることができたことは幸せなことだったが、昭和38年春、定年制が施行されたため小合も上野夫妻も大学を去った。

　さて染色作家としての中井さんはと言えば、早くも4回生の秋、第9回日展に藍に蘇芳をかけ合わせた《愛宕の暮色》を初出品して入選を果たし、翌年の第10回日展にも《雙ヶ岡》が入選した。少年時代から馴れ親しんだ洛西風景に見る青の諧調を藍染で表すことから出発したのだった。まさにそれは師の小合が風景の様々な相を自在の解釈と筆致で生き生きと作品化し、その作域を深めていた時期に当たっていた。その制作を脇から見ていた中井さんは正に瞠目の連続であったろう。またその表現は大きな魅力であり、また自らの表現をも規制するものであったろう。そうした師の作風の桎梏から解いてくれたのは日本とは異なる海外の風景、文化との接触であった。中井さんは助手時代の昭和36年から1年間、京都市立美術大学在外研究員としてイランをはじめとする中東諸国からギリシア、インドまでを、陶磁器専攻助手の小山喜平氏と車で研修旅行し、美術工芸の調査と資料収集にあたった。それまで見たり体験していた中国由来の東洋や西洋近代美術とは全く異なる美術に接し、風土と美術との関係や、東西文化交流の跡などを観るにつけても、苛酷な自然環境、風土のなかでの宗教や美術の意義について感じ、また考えることの多い旅だった。そうした新鮮な驚きの連続の体験を基に昭和30年代末からほぼ10年間、中井さんは染色作品に様々な造形として発表していった。日本の木造建築とは異なる構築的建造物に見る様々な面と線、アナトリアの穴居住空間の複雑さと深さへの興味などを基とした造形を展開し、昭和44年の第1回改組日展では《集積》の力強い表現が認められ特選・北斗賞を得たのだった。

昭和49年、中井さんは文化庁から芸術家在外研修員として1年間ヨーロッパに派遣された。今回も車でイタリア、スペイン、フランス、イギリス各地を訪ねる旅で、イスラム美術のスペインへの西漸とキリスト教美術との混淆の状況を見、さらにヨーロッパ各地での地方的染色や織物をはじめとする諸工芸の在り方、またイギリスではウィリアム・モリスに代表されるアーツ・アンド・クラフツ運動の成果が都市や建築の空間に生きている状況等を調査することができた。そしてそれらを通じて実感したのは物づくりの背景には必ず風土が大きな要素として存在することであり、風土と工芸は密接な関係にあるということであった。

　帰国後の昭和50年代前半には日本現代工芸美術展や京展に、ヨーロッパ旅行中アンダルシアやカタルーニャなどスペインで得たイメージを藍を抑えた紫や赤の諧調で表現した作品を発表するが、日展にはわが国独自の美感ともいうべき時空に介在する「間」を問題とした作を出品しているのは、ヨーロッパ旅行で却って強く意識した日本の美、日本人の美的感覚の素晴らしさの故ではなかったか。そして、昭和52年の第9回日展出品作《間の実在》で再度の特選を受けたのである。

　中井さんは昭和52年に京都市立芸術大学教授に昇任するが、翌年から鹿児島大学教育学部美術科に非常勤で夏期集中講義を受けもつこととなった。これは平成9年に京都市立芸術大学を定年退任したのちも11年まで20年以上も続いたが、桜島に代表される鹿児島の風土は中井さんのイメージを様々な形で刺激し、ヨーロッパ旅行の印象とともに度々作品として造形化された。そして、自然や地球の力、エネルギー、それに対する人間の問題さらには自然環境の問題などが、年号が平成と変わる頃から中井さんの制作の大きな課題となった。平成2年の日本現代工芸美術展の《木魂》や日展の《巨木積雪》は樹齢数百年という京都・京北の欅樹の生命力に打たれた作だが、翌年の日展作で日本藝術院賞

を受賞した《原生雨林》に始まる、屋久島から石垣島・西表島など琉球諸島の亜熱帯原生林に取材した一連の作品も、樹々の旺盛な生命力に打たれ、それを表現したものであった。

　中井さんは大学退任後、平成9年から3年、教育文化界友好訪中団の顧問として中国各地を旅し、旅先での取材を数多く発表した。中国の広大な大地、わけても江南の奇勝は大いに制作意欲を刺激したようである。そして、この頃から中井さんの作風に一つの変化が顕れてきたように思う。それまでの作品では一つの風景や物象に向かい、それをどのように造形化するかに大きな問題があったように思えるのだが、中国風景を主題とするようになって、視界はより広くなり、藍の濃淡で表される樹々や山容が律動感に富み、以前のような描線の動きが抑えられて、藍の諸調とそれに添えられる他の色調によって、より豊かな奥行と広がり、量塊の豊かさなどが際立っているのを感じるのである。

　そうした中井さんの作品には、長い間作品に散見された小合の作風の影はない。日本の風土の様々な表情である風景が、藍の諸調そのものであることを観取した中井さんは、あくまでも藍にこだわり、藍を基調として、そこに他の染料をかけ合わせて作品としてきたのだが、この藍の濃淡の対比が近年の作では巧みに行われているように思う。同じ色面でもぼかしを用いたり、隣り合う色調の差によって微妙に複雑な色感の差を生んだりと、染色上の技巧で豊かさが生まれているのだ。また形態の反復や取り合わせの妙によっても音楽的リズムが生まれるなど、近年の中井さんの作品は豊饒の感に富んでいる。

　中井さんは傘寿とは言え、全く若々しくお見受けする。さすがにもう、昔のように車を駆っての何万キロもの旅行は無理とは思うが、まだ行かれたことのない地を訪ねて、様々なロマンを作品にして

頂きたいものだ。中井さんはロマンティストだが決して夢想家ではない。実際に見た風景に、歴史や文化を重ね合わせてロマンを深めていく人である。中井さんの新たな作域を期待しつつ筆をおく。

（元京都国立近代美術館長）

I am very happy for my old friend, Teiji Nakai, to see his works published. This anthology has been a long time coming, nevertheless, I was surprised to see that the title was the 80th anniversary. At first I could not believe that Prof. Nakai was 80, but as I think about it, several years have passed since he retired from Kyoto City University of Arts. I first met Prof. Nakai 40 years ago, in 1971, while I worked at the National Museum of Modern Art, Kyoto, which was holding an exhibition entitled "A Two-Man Show: Tomonosuke Ogou and Unosuke Kawai." In recent years I have retired as well, so we have had hardly any opportunities to meet, however, when I saw him recently his hair was black and he looked young—far from my impression of an 80 year old.

Prof. Nakai was born January 4, 1932, in Kita-ku, Kyoto. His father worked as a banker, so he spent his childhood years in Suita City and Ibaraki City, Osaka. In 1944, towards the end of the war, he moved to Ukyo-ku, Uzumasa, Kyoto. After the war, he went to Katsura Junior High School, Katsura High School. After the reform of the educational system, he was admitted to Saikyo High School, from which he graduated in 1950 and entered Kyoto City College of Fine Arts, Department of Crafts. Taking a great interest in the arts from an early age through his high school years, the young Nakai immersed himself in sketching the lotus pond of Koryuji Temple and the mountains of Atago which tower over the northwest of Kyoto. Ironically, it was Prof. Nakai's brother who, after seeing his devotion to art, submitted the application to Kyoto City College of Fine Arts on his behalf.

During the first two years in university Prof. Nakai absorbed the basics of craft such as pottery, dying, weaving, and lacquer work. From their third year students normally move on to the professional education in the field their choice and Prof. Nakai chose a major in textiles and resist-dyeing to be his profession. In those days, Prof. Tomonosuke Ogou headed the wax-resist dyeing course and Prof. Toshijiro Inagaki headed the stencil-dyeing course—courses which continue the golden age of the Department of Textiles. The reason Prof. Nakai chose resist-dyeing is because of the inspiring imagery he discerned from the creative world of Prof. Ogou.

Prof. Tomonosuke Ogou was born in 1956 to a professional Yuzen stencil paper-making family in Kyoto. He studied at the Kyoto City Arts and Crafts School, Department of Design, graduated in 1916 and then studied Japanese-style painting at the studio of Tusji Kako. At the end of Meiji Period, through his experience with modern literature (in particular the *Shirakaba* school), his education with Kako, and his admiration for the free style of Keisen Tomita's Nanga-style painting, Prof. Ogou's Japanese-style painting was eventually selected for NITTEN in 1923. The year before an oil painting, in which was self educated, was selected for inclusion in the Kansai Art Exhibition. After Prof. Ogou aspired to become a dyeing artist at the beginning of Showa Period, his work was selected for the 1932 TEITEN, he participated in the TEITEN (1919-35), New BUNTEN, NITTEN after WWII, and he has exhibiting his works almost every year to the Kyoto City Exhibition, Kyo-ten as well. Prof. Ogou's great knowledge of old textiles as well as his love of music made his art come to life. His taciturn and telepathic communication often perplexed students, however Prof. Ogou's profound world view was surely enchanting. In 1950s, as Prof. Ogou's craft was becoming more popular, Prof. Nakai (then a student) noted the development of Prof. Ogou's superb entanglement of color and line—certainly a sublime experience.

After Prof. Nakai graduated from Kyoto City College of Fine Arts, he stayed on as an assistant at the Department of Crafts, Design Course. As attention to Prof. Ogou continued however, Prof. Nakai gained a new and stimulating relationship through two leading design architects: Prof. Isaburo Ueno (who studied in Vienna and Berlin, and who worked in Josef Hoffmann's architectural firm while in Vienna) and his wife Prof. Felice Lizzi (who studied in Vienna Workshop (Wiener Werkstätte) and worked as a designer handling textile, glass, and cloisonné enamel). From his experience with these two specialists, Prof. Nakai was able to grasp the movement of design in the early twentieth-century architecture centered in Vienna. Moreover, under Prof. Felice Lizzi tutelage, Prof. Nakai absorbed the fundamentals of color structures, the issue of structuring ideas, color, and form which were indispensable skills, especially for students using colored paper to structure a given theme. The ability to comprehend the world (in contrast to the Nanga style) Prof. Ogou saw as a blessing; unfortunately, Prof. Ogou, Prof. Ueno and Prof. Felice Lizzi were all compelled to retire in the spring of 1963 due to the retirement system in new university system.

As a dye artist, in Prof. Nakai's "Gathering Dusk, Atago Mountain" (a combination of indigo and sappan-wood dyes) was selected for inclusion in the ninth NITTEN the fall of his senior year at university. The next year, "Narabigaoka" was selected for the tenth NITTEN. Prof. Nakai's point of departure was a harmonious expression of indigo dye reminiscent of the Rakusai scenery that he got to know in his boyhood. This was the opportune moment for Prof. Nakai to deepen his field and, with Prof. Ogou as his master, to create a vibrant work of art through an understanding of the various aspects of Prof. Ogou's works and techniques. Witnessing the creation in retrospect, Ogou's works clearly represent a series of wonders to Prof. Nakai. Although Ogou's expressions were inspiring, his work should have been a regulation of expression as well. Contact with landscapes and cultures different from Japan instigated a break from the restraint against his master, Prof. Ogou's style. During his assistant years through 1961 for a year, Prof. Nakai was an overseas art researcher at Kyoto City College of Fine Arts, collecting data on the art of countries (such as Iran, Greece, and India) with ceramics major assistant Kihei Koyama. In contrast to Eastern arts originally from China and Western modern arts (with which he already was familiar), the research trip prompted Prof. Nakai to reconsider several assumptions: the relation between the climates and arts, to see the marks of the Eastern and Western cultural relations originating in harsh environments, or even thinking about the meaning of religion and arts in those climates. Through these astonishing experiences, Prof. Nakai began, for a decade from the 1960s onward, to publish and create various dyeing arts. Despite Japanese wooden architecture, Prof. Nakai began to focus on the facade and lines of structural architecture, furthermore, his interest towards the complex structure of Anatolian cave dwellings helped him receive a Special Hokuto Award for "Sedimentary Layer" (1969) at first NITTEN (after 1969 re-organization) which Prof. Nakai's vital artistic expression was publically recognized.

In 1974, Prof. Nakai was dispatched to Europe for a year as part of the Japanese Government Overseas Study Program for Artists (Agency for Cultural Affairs). This time he again traveled by car visiting Italy, Spain, France, and Great Britain. The purpose of his research was to examine the mixture of advanced Islamic and Christian arts in Spain. In addition, Prof. Nakai was able to assess the state of regional textile crafts in various European countries as well as the situation of civic and architectural spaces which were the result of the Arts and Crafts movement in England (represented by the work of William Morris). Through these experiences, Prof. Nakai affirmed that the background of a cultural climate is a crucial element in artistic creation—culture, climate, and crafts are always interwoven.

In 1975, after returning from Europe, Prof. Nakai's exhibited work which utilized beautiful colors of purple and red which replicate the indigo images that were gained during his trip to Europe, such as those of Andalusia and Catalonia. In contrast to a prevailing European influence, Prof. Nakai's works presented at the ninth NITTEN (1977) reinforced a Japanese aesthetic involving space which resulted in his winning an award for "Space Between Trees."

In 1977, Prof. Nakai was promoted to professor of Kyoto City University of Arts. From the following year, however, he became a part-time instructor of intensive summer courses in the

Department of Art Education of Kagoshima University, a position which continued for twenty years—two years after his retirement from Kyoto City University of Arts in 1997. The climate of Kagoshima, or rather Sakurajima, that represents the region stimulated Prof. Nakai in many ways, mostly in concert with his impressions of Europe. Nature, the power of earth, energy, environmental crises that confront mankind—such issues became a new focus for Prof. Nakai's works at the outset of the Heisei era (1989). Works of 1990, such as "Tree Spirits" featured in the Contemporary Japanese Crafts Exhibition or "Snow on a Sacred Tree" in NITTEN emerge from exposure to the vitality of the centuries-old Zelkova tree in Kyoto, Keihoku. "Primeval Rain Forest" (awarded the Japan Art Academy Prize at NITTEN the following year) as well as a series of pieces inspired by the subtropical forests of Yakushima through various Ryukyu Islands such as Ishigakijima, and Iriomotejima—all of which reflect the elated energy of the trees.

For three years after Prof. Nakai retired in 1997, he traveled throughout China collecting data as an advisor for the Japan-China Friendship Tour for Cultural Education. The vast landscape of China and places of scenic beauty in Jiangnan surly influenced Prof. Nakai's creative ambition. Since his retirement there seems to have been a change in Prof. Nakai's style: whereas previously Prof. Nakai focused on structuring a single scenery or object, after integrating Chinese scenery into his work, his vision widened by using an indigo light and shade to the trees, which in turn enhanced a rich sense of rhythm to the form of the mountains. Prof. Nakai expresses more conspicuous depth in his later work by suppressing the movement of lines which in turn accentuates a harmonious indigo color.

In Prof. Nakai's works, there is no residue of Prof. Ogou's style. Prof. Nakai believed that there are many expression of scenery in the climate of Japan and that indigo was indicative of the gradation itself. Therefore, Prof. Nakai was persistent in his use of indigo as a basis for mixing other dyes as well. In recent years, the contrast between the light and shade of indigo has becoming ingenious. Contemporary craftsmanship is enhancing, for example, similarly colored surfaces or creating a subtle color sense with adjoin colors. Prof. Nakai's works have becoming rich in recent years by establishing a musical rhythm of repetitive form and variations.

Although Prof. Nakai is 80 years old, he seems so young. It would not be possible for him to travel thousands of kilometers by car today, but I wish he would visit a place he has never been to before and create something inspirational. Prof. Nakai is a romantic but definitely not a dreamer. He nurtures his inspiration by superposing history and culture upon visions that he saw with his own eyes. Finally, I want to conclude with a hope for new work from Prof. Nakai.

(Former Director of the National Museum of Modern Art, Kyoto)

中井貞次さんの人と作品 ──────── 美術評論家 木村重信

中井貞次さんとの交際は長く、1953年10月、私が京都市立美術大学（現在の京都市立芸術大学美術学部）に講師として着任して以来である。当時かれは同大学工芸科染織図案専攻の学生で、私の講義を受講した。翌54年に卒業して、専攻科に入学し、2年後に修了した。修了と同時に工芸科図案専攻の助手となり、その後1974年に私が大阪大学に転出するまで、同僚であった。とくに大学紛争や大学移転では労苦を共にした。

　中井さんは作家であるとともに研究者でもあり、多くの著書や論文を発表している。海外調査としては、1961〜2年、同大学の陶磁器専攻の小山喜平助手と、大学の在外研究員として、イランのテヘランを基地に、西はギリシア、東はインドまで、4万キロにわたり自動車で走破し、「工芸と風土」について調べた。また1974〜5年には、文化庁派遣芸術家在外研修員として、ヨーロッパ諸国を車で3万5000キロ踏査した。研究テーマはイスラーム教美術とキリスト教美術の混淆の様相と染織の産地工房の調査である。

　私も1956〜7年のフランス留学の際、バイクでパリからマドリードまでジグザグに旧石器時代の洞窟美術遺跡などを探査して以来、現在まで、世界のほぼ全域で多くのフィールド・ワークをおこなってきた。したがって、中井さんのヨーロッパ研修の成果である、大型写真集3巻『混淆の美』『ロマネスクの美』『タピスリーの美』（淡交社、1979年）に収録されている所は、私もほとんど訪れたが、ショーヴィニー（フランス）、サンティリャナ・デル・マル（スペイン）、サッカルジア（イタリア）などは、中世美術の専門家でも行った人は少ないだろう。しかも中井さんの研究はきわめて独自かつ精密である。

　例えばタピスリー研究はこれまで作品の形式や材料の分析が主であったが、中井さんはそれらが置

かれる空間との関係において考究する。すなわち《アンジェの黙示録》に代表される、教会を母胎に発達したタピスリーを宗教的機能の面から、《一角獣を伴った貴婦人》のような、王侯貴族を背景にしたタピスリーは、城館を飾る象徴的機能を果たすものとして考察する。また、これまであまり紹介されたことのない染織、例えばサルデーニャ島のオルバチェと称される、この島特有の毛織物が取りあげられている。

しかし中井さんは、写真と文章によるフィールド・ワーク報告には「どうも積み残した荷物が多いような気がしてならない」という。それは「ビュアライズされない部分と、文字では表現しきれない部分があるということに因る」。「そのなんともならない部分を今後の自分自身の作品制作を通じて表現して行かねばならないのかと思う」(『ロマネスクの美』「はじめに」)と書く。

仮に、ここに天、地、人をそれぞれ頂点とする三角形があるとする。「天」は天然現象を指し、「地」はいわゆる山水であり、そして「人」は人間の営みを指す。天と人との間に四季折々の行事がうまれるように、天と地、地と人との間にも多様な関係が成立する。この関係は、民族によってちがい、地域によって異なるが、それはいわば各民族の自然観ないし風月観のちがいである。そしてこのちがいには、自然の側からの要因と、人間の側からの要因があり、両者の間に視覚が介在する。したがって、この視覚の構造を分析すれば、それぞれの民族の自然観のちがいと、それにもとづく風月図像の特質が導き出されるはずである。

中井さんは京美大4回生のとき、第9回日展に《愛宕の暮色》を初出品して入選したが、それに関連して後に次のように書いている。「夕陽を背負い暮れ行く愛宕の山脈は、まさに藍色の襲、薔薇色の

もので、同系色の微妙なグラデーションは、わが国特有の色彩と言えます。かつて中東の高原と砂漠に覆われた乾燥地帯を目の当たりにした者にとっては、なおさら山紫水明に映るのです」(本書202頁)。

このようにわが国の夕暮の風景が美しいのは、空に雲があるからで、中東では雲ひとつない清澄な青空が日々続く。このことは中東美術、さらにはヨーロッパ美術にきわめて少ない雲の文様を、わが国で異常に発達させることとなった。しかもその多種多様な雲文にそれぞれ呼び名がつけられている。この雲のヴァリエーションとして霧、靄、霞などが頻繁に絵画や染織にあらわれ、とくに霞は情景描写のためだけでなく、遠近の表現や時の推移をも示す。

中井さんも《雲》(図10)、《雲行》(図14)などのほか、「南船北馬」を代表する桂林の風景を描いた《桂林渺茫》(図62)などの連作で、好んで深い水気をあらわす。雲ではないが、噴煙をモティーフにした桜島シリーズも、この系列に属する。

では、空の青さと降りそそぐ光の澄明さを特色とする、中東や地中海地域の風景をどうあらわすのか。中井さんはいわゆる「近像」表現を採用する。

物の見方に、対象を遠くから離れて見るのと、対象に接近して近くから見るのとがある。前者の場合、一目で対象の全体を見渡すことができるが(「遠像」)、後者では対象の一部分しか視野に入らず、対象全体の印象を得るには、部分から部分へ眼を動かさねばならない。すなわち眼によって触れるのである(「近像」)。

試みに本書から中東やヨーロッパの風物をあらわした任意の作品を取りあげていただきたい。礼拝堂、遺構、集落、王墓など、いずれも近像的表現によって、奥行(前後関係)よりも平面(並列関係)

が、色彩の強弱よりも均一が求められている。したがってそこには立体的な物の存在感はなく、対象はほとんど細部をもたない平面に還元され、画面全体がいわばアラベスク風に処理されている。

　ここで、私は絵画と染織とのちがいに触れなければならない。先述のように、中井さんは工芸科染織図案専攻を終えた後、同科図案専攻の助手になった。これらの専攻名の「図案」はたいへん示唆的である。『日本語大辞典』(講談社)によると、図案とは「美術工芸品などを作るときに、色の配合・模様などを考えて図に表したもの」である。すなわち。対象そのものをあらわすことではなく、対象をいかにアレンジするかであり、ここに工芸の特色がある。絵画は対象の本質を究めるというシュジェ意識が濃いのに対し、染織は色と形の配置というフォルムがシュジェに優先する。そしてこの考えが徹底されると、表現対象という中間項が除かれて、形式は抽象的になる。

　中井さんは京美大染織図案専攻で小合友之助教授と稲垣稔次郎教授に師事したが、二人は蠟染ないし型染の達人であった。中井さんは小合さんに傾倒した。また中井さんは図案専攻の上野伊三郎教授とその夫人のフェリス・リッチ教授の助手を務め、とくにリッチさんからウィーン工房風の色彩構成を学んだ。

　小合さんは藍の蠟染を基本としたが、時には弁柄、緑青、群青などの顔料を用いた。しかし中井さんは藍という染料に固執し、それに植物染料をかけ合わせて、緑色や紫色をつくる。したがって、かれの染色作品の生命は藍の濃淡にあり、それが他の色と調和ないし反撥しながら共鳴して、全体として完全な均衡を形成する。かれはいう。「寒の水に晒された藍染の麻布の縹色（はなだ）は、まさに色彩の権化で、しかも、いかようにも変色し得る色彩の余裕を持っています。これこそ、わが国の染織工芸史を貫く日本の色なのです」(本書203頁)。

この染料に関連して中井さんは、自分の作品は布の表面だけを染めるのではなく、繊維の芯まで浸染法によって染色することであること、そしてそのような日本の染色作品について欧米人が「サーフェス・デザイン」（表面デザイン）という言葉を当てていることに不満を抱く（本書203頁）。この不満はもっともである。

　あまり知られていないが、欧米には近代まで、無地の布に、防染によって模様を染める歴史がなかった。わが国では布を織る前に糸を染めることを「先染（さきぞめ）」、無地の布に模様を染めることを「後染（あとぞめ）」というが、この「後染」が欧米にはなかった。つまり、布に模様を施すには織、プリント、刺繍、アップリケ、キルトなどに依り、模様染が始まったのは19世紀にインドネシアのバティックという蠟染技法が導入されてからである。したがって「先染」を意味する「dye」の語はあるが、「後染」にあたる語はなく、それを示す言葉として「surface design」がつくられたわけである（1977年）。

　このように布の芯まで染める浸染法として、中井さんは藍染を主とし、顔料を用いない。したがってかれの作品には、顔料を多用する紅型（びんがた）や友禅のような華やかな色彩はない。しかし染色工程の最後まで持ちこたえる、いわゆる白あげの生地白が、大きな造形的効果を発揮する。また、中井さんの場合、型紙やバティックのチャップ（金型）を用いず、専ら蠟筆で描くので、そのすぐれた運筆力が作品にムーヴマンを与え、空間の密度を高める。

　後年、かれは自然破壊を憂え、エコロジーに傾倒して、樹木の生命、森のエネルギーや再生をテーマに、一連の作品をつくり続けている。このような社会的関心の深さも、誠実な中井さんの一面である。

　いま、私の机上には本作品集のゲラ刷りと中井さんの著書や論文が山積されている。それらを見て

いると、あらためてかれの仕事の量と、その質の高さを痛感する。しかもその作品が高年になっても枯れず、瑞々しいのに驚く。フィールド・ワークで培われた広い視野と豊かな教養に拠りつつ、伝統的な藍染表現を深め、現代感覚あふれる芸術性の高い染色アートを実現したところに、中井作品の特質がある。斯界の第一人者として、日本藝術院会員に推された所以である。

目 次

中井貞次・その表現　　梅原　猛　　　　　　　　　　　　　　　　7
Teiji Nakai: Expressions　　Takeshi Umehara

豊饒な藍染の世界 ―中井貞次作品集に寄せて―　　内山武夫　　　　13
The Rich World of Indigo Dye: Teiji Nakai's Anthology　　Takeo Uchiyama

中井貞次さんの人と作品　　木村重信　　　　　　　　　　　　　　27

作 品　Part I　　　　　　　　　　　　　　　　　　　　　　　　37

作 品　Part II　　　　　　　　　　　　　　　　　　　　　　　165

―作品集に想うこと―　　中井貞次　　　　　　　　　　　　　　199
Ruminating on One's Work　　Teiji Nakai

年 譜　　　　　　　　　　　　　　　　　　　　　　　　　　　214

目 録　　　　　　　　　　　　　　　　　　　　　　　　　　　226

あとがき　　　　　　　　　　　　　　　　　　　　　　　　　233

作品　Part I

1. 瞑想　Oriental Contemplation

1974年（昭和49年）　172×172cm　浜紬　二曲屏風
第6回日展
京都市立芸術大学芸術資料館蔵

わが国工芸の源泉としてのペルシア。茫漠たるオリエントの原野に何千年もの歴史を伝える数々の遺構に想いを馳せ、イマジネーションの展開。

2. 王墓 Tomb of Cyrus the Great

1965年頃(昭和40年頃)　小品　麻　額装

アケメネス朝ペルシア帝国の初代キュロス王墓は荒涼たる原野の中に悠久の歴史を封じ込め遺っている。時空間を圧するその存在に感打された。

3. 藍の空間　Indigo Sanctum

1969年（昭和44年）　152×120cm　麻　額装
第8回日本現代工芸美術展　現代工芸賞

カッパドキア地方に点在する初期キリスト教時代の洞窟礼拝堂は、聖像破壊に基づき、紅柄による線描文様のみの簡素な手作りの小空間を呈している。

4. 集積　Sedimentary Layer

1969年（昭和44年）　184×170cm　麻　二曲屏風
第1回改組日展　特選

アナトリア半島に点在する数々の遺構は、まさに文明の十字路的様相を呈している。幾世層堆積された民族の詩をビジュアライズしてみた。

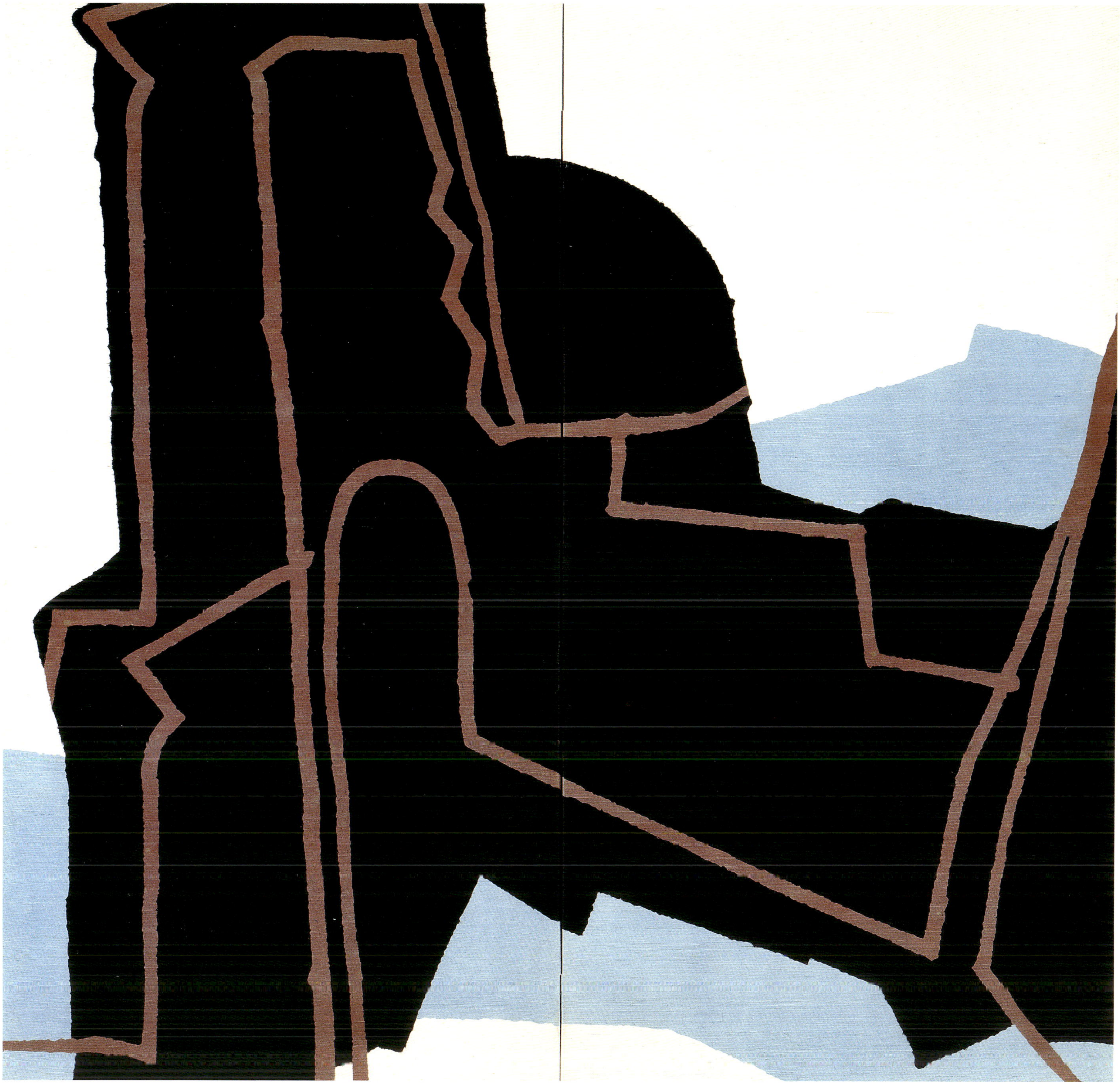

5. ENTRANCE

1969年(昭和44年)　148×120cm　麻紙　二曲屏風
第21回京展京展賞

カッパドキア地方の穴居民族の住まいは、砂岩山を蟻の巣の如くぼこぼこと掘り作られている。その入口にふと気を奪われた。

6. **中東の遺構**　Remnants of the Middle East

1972年（昭和47年）　172×184cm　浜紬　二曲屏風
第4回日展

東西文化交流のルートとなった中東の国々には、今もなおその痕跡を
あちこちに見ることができる。その時空を追想した。

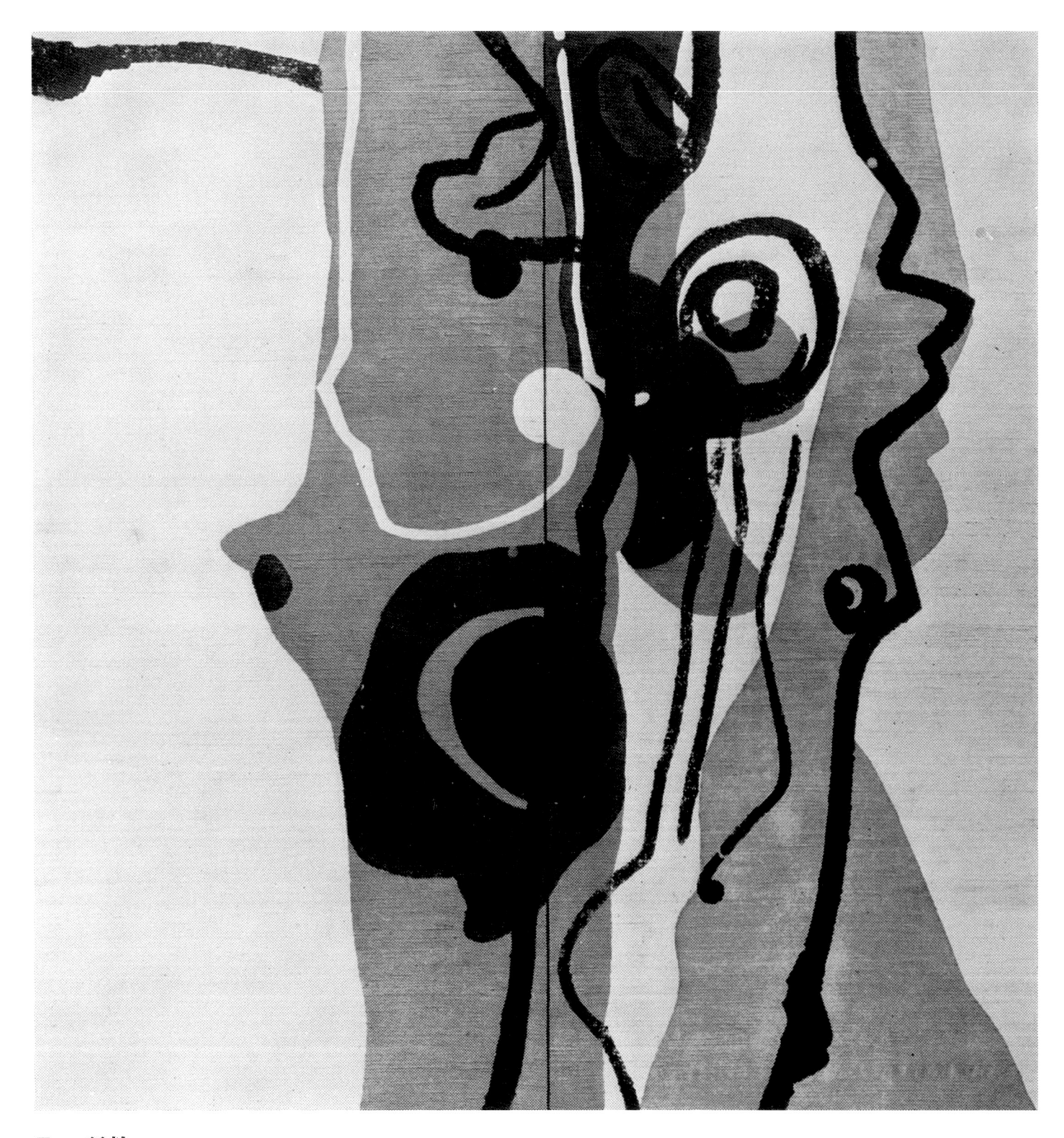

7. 双幹　Twin Tree Trunks

1971年（昭和46年）　180×172cm　浜紬　二曲屏風
第3回日展
石馬寺蔵

双つの樹が背中合わせに対話する表情を、線を主体に表現してみたかった。

8.　樋　Canal

1970年頃(昭和45年頃)　160×140cm　浜袖　二曲屏風

樋は松の巨木を8：2の割合で縦割りし、それを池に沈め、水量調節に使われてきた。
長い年月その役目を果たした樋の断面を見たとき、昔の人達の知恵に感心したものだ。

9. 民族の譜　Ethnic Inscription

1973年（昭和48年）　182×172cm　浜紬　二曲屏風
第5回日展

アナトリア半島の断崖絶壁に見られる穴居民族の生活は、今もなお永々
と続けられている。それをテーマとしてイメージの展開を試みた。

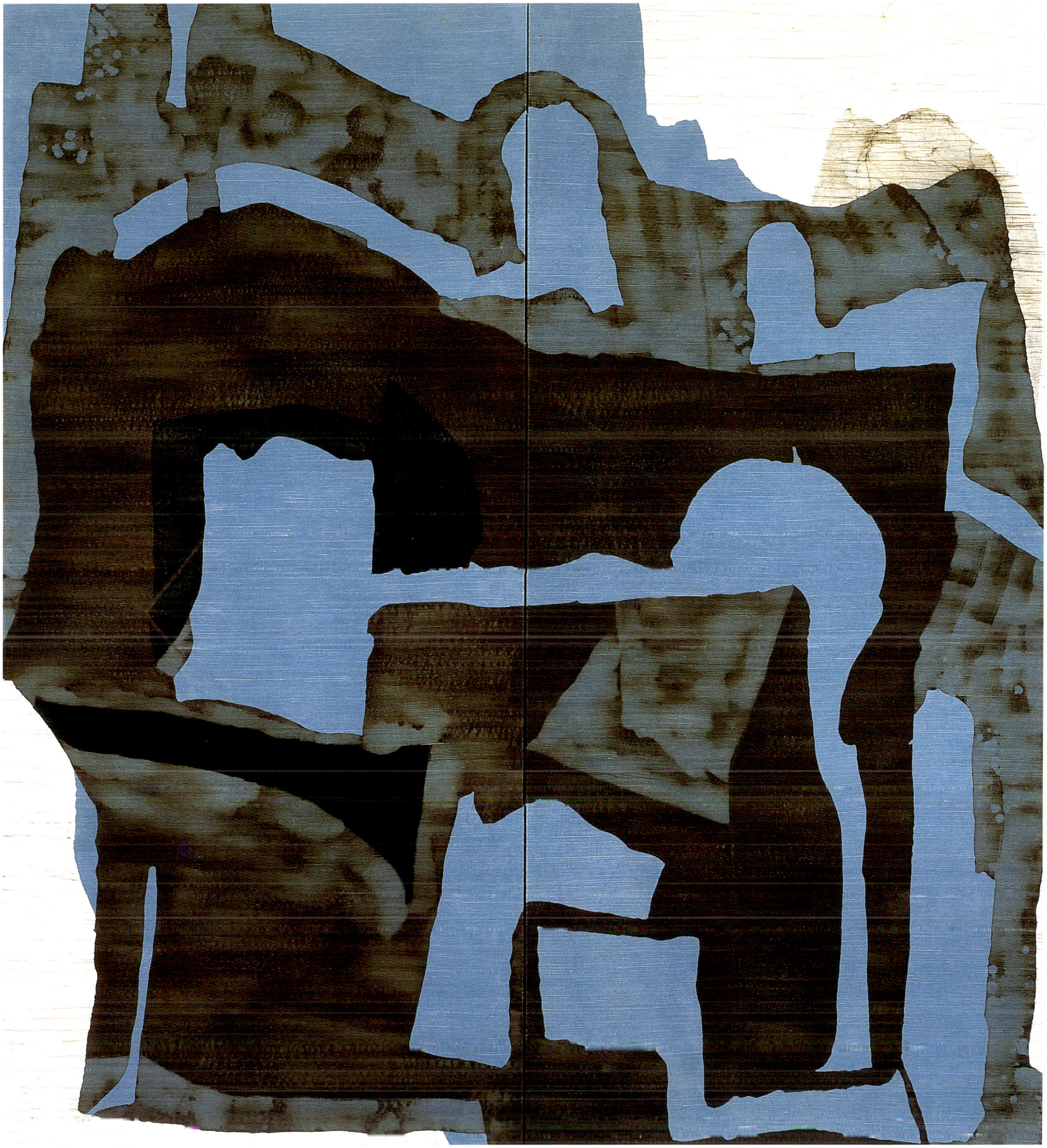

10. 雲 Cloud

1973年（昭和48年）　95×52cm　麻　染布
第26回京都美術懇話会展

11. 五月 Verdant May

1973年（昭和48年）　184×96cm　麻　二曲屏風
第12回日本現代工芸美術展

雲は漂々と浮遊しながら、変幻自在を繰り返す。その瞬間を捉えてみたかった。

新緑萌ゆさつき。これはわが国の風土、季節にしか見られない光景である。

12. 佇まい　Conifer Continuum

1978年（昭和53年）　172×172cm　ドンゴロス　一曲屏風
第10回日展

2本の樹間に佇む時空の表出を狙う。

13. 間の実在　Space Between Trees

1977年（昭和52年）　172×172cm　ドンゴロス　二曲屏風
第9回日展　特選
京都市立芸術大学芸術資料館蔵

2本の樹間に実存する時空の創出を試みる。

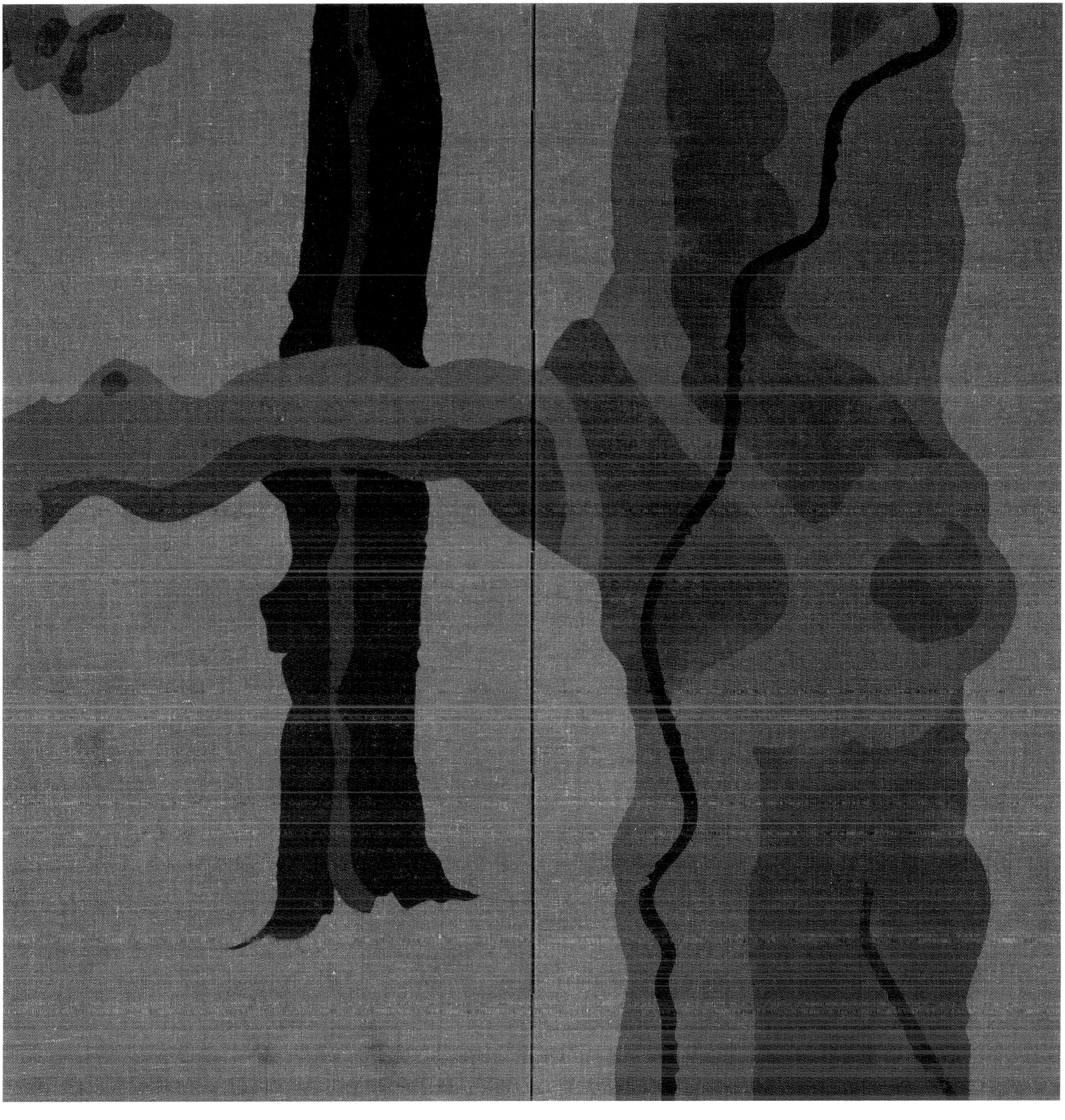

14. 雲行　Drifting Clouds

1970年（昭和45年）　50×1000cm　麻　染布
現代工芸京都会実験展

雲の運行健やかに、棚引く雲に想いを載せてみた。

15. 月あかり　Moonlight

1979年（昭和54年）　172×172cm　ドンゴロス　二曲屏風
第11回日展

月あかりの中に、時空を超えた樹のもつ本性を創出。

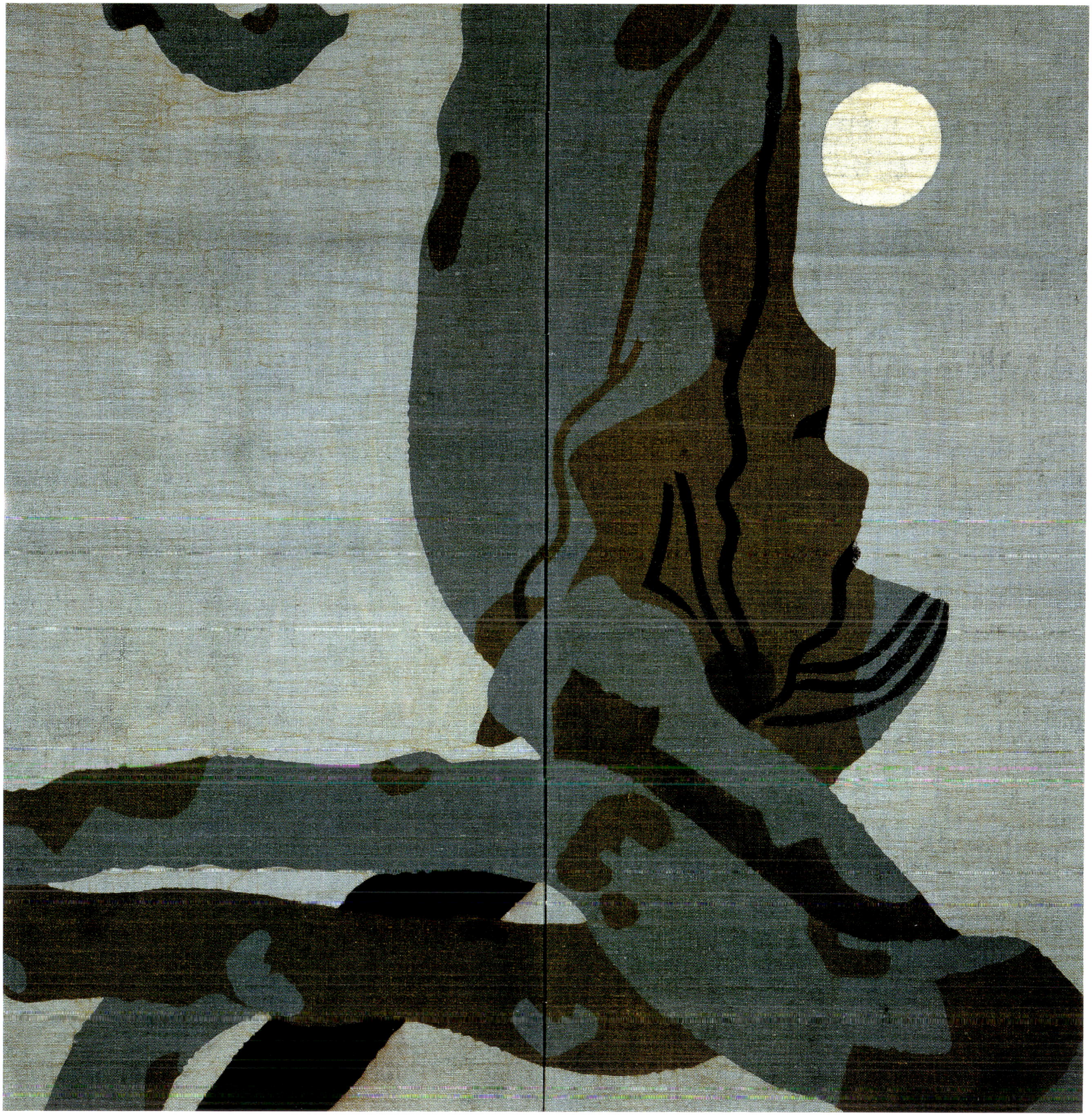

16. イマージュ　Andalusian Image

1976年（昭和51年）　170×140cm　麻紙　二曲屏風
第15回記念日本現代工芸美術展

スペインのアンダルシア地方の山間部に見られる白い村をイメージ。

17. アンダルシアの想い出　Memories of Andalusia

1977年（昭和52年）　172×140cm　絹　二曲屏風
第29回京展

アンダルシアの風物は数多くの画家や音楽家の題材となっているが、私の実感としてのアンダルシアを創出。

18. カタロニアの月　Catalonian Moon

1979年（昭和54年）　171×142cm　麻　二曲屏風
第18回日本現代工芸美術展

スペインのカタロニアはあの有名なカザルス生誕の地。チェロの音に誘われて観月となった。

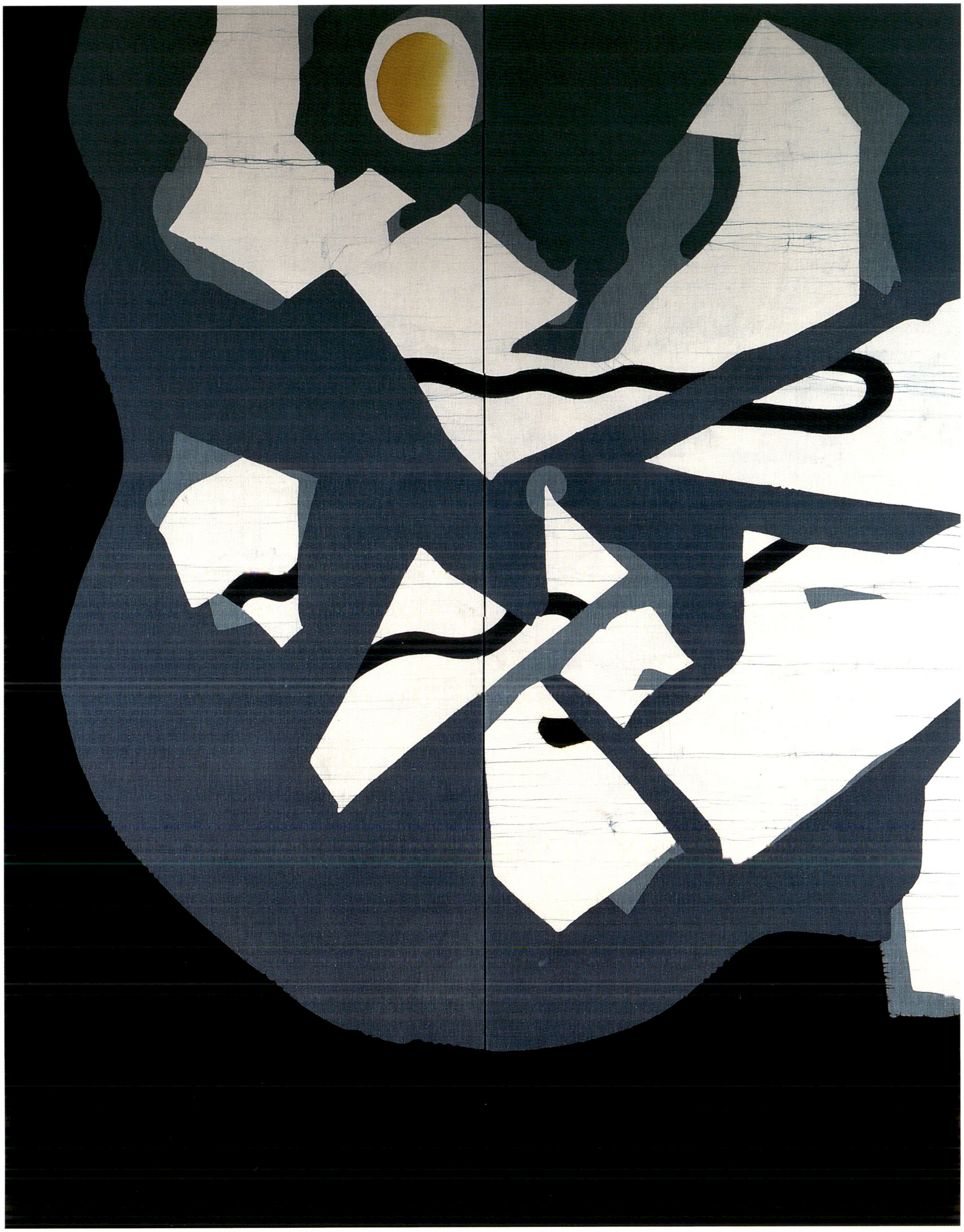

19. 火山景・Ⅱ　Volcanic Plumes Ⅱ

1993年（平成5年）　172×172cm　麻　二曲屏風
第32回日本現代工芸美術展

夏の気を噴く桜島を端的に捉えてみた。

20. 追憶　Reminiscent of Sakurajima, Kyushu

1981年（昭和56年）　142×142cm　浜紬　二曲屏風
第33回京展

桜島。夏の日の想い出。

21. 活火山景 Volcano Comes Alive

1983年（昭和58年）　142×142cm　麻　二曲屏風
第22回日本現代工芸美術展

22. 火山去来　Lava Flow

1982年（昭和57年）　172×172cm　麻　二曲屏風
第14回日展

23. **噴煙**　Volcanic Plumage

1981年（昭和56年）　174×140cm　浜紬　二曲屏風
第20回日本現代工芸美術展

地響きと共に噴火を繰り返す火山のエネルギーを、象徴的に表現。

24. 火山回想　Volcanic Vistas

1981年（昭和56年）　172×172cm　麻　二曲屏風
第13回日展
京都市美術館蔵

鹿児島大学の夏期集中講座のたびごとに二十数年間通った桜島は、今もなお脳裏に鮮明に甦ってくる。

25. 火山景　Volcanic Plumes

1980年（昭和55年）　172×172cm　麻　二曲屏風
第12回日展

火山と噴煙の関係を、単純な表現の中に立体的に捉えてみた。

26. 双噴煙　Two Plumes

1992年（平成4年）　172×172cm　麻　二曲屏風
第24回日展

活火山に見られる噴煙の変貌極まりない形のおもしろさに魅せられ、その表現に試行錯誤を続けている。何か新しい捉え方はできないものだろうか。

27. 浮游　Meandering Jellyfish

1984年(昭和59年)　142×142cm　麻　二曲屏風
第23回日本現代工芸美術展

盆過ぎであっただろうか、若狭の海岸で遊泳中何かに刺された感じがした。よく見るとそれは小さなアンドンクラゲだった。どうしてこのような立方体のくらげが棲息するのか、不可思議だった。

28. くらげ（群游）　Brood of Jellyfish

1984年（昭和59年）　60×60×60cm 4点、120×60×60cm 2点　ドンゴロス　アブストラクター
第1回日本現代染織造形展

スチールパイプを骨組みとして、そこに染めたドンゴロスを被せ、アンドンクラゲの群游を試みた。

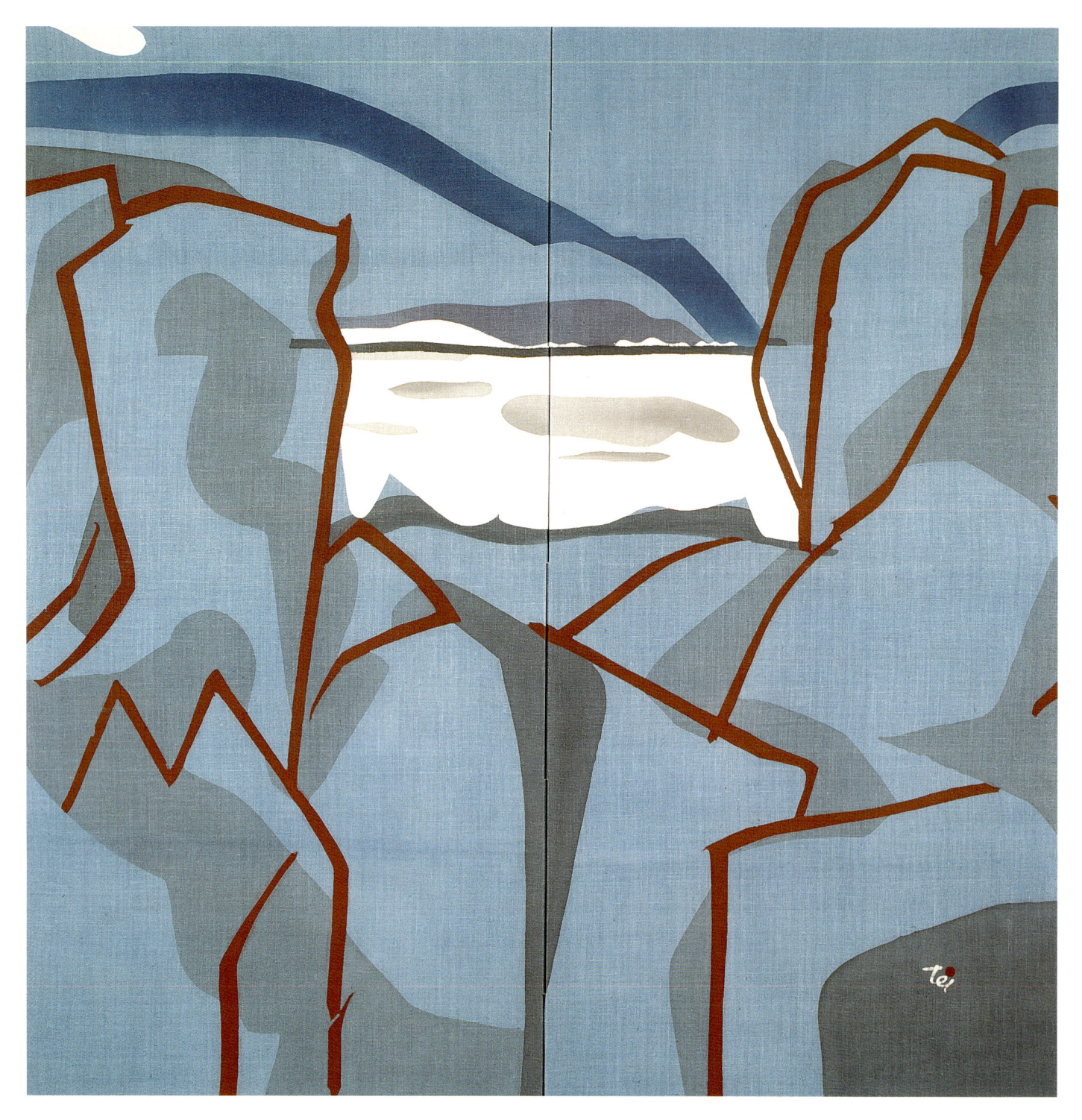

29. 熔岩海岸　Lava Meets the Sakurajima Shore

1989年（平成元年）　172×172cm　麻　二曲屏風
第28回日本現代工芸美術展

桜島の大噴火の痕跡は、その海岸線にまで及んでいる。

30. 噴煙浮上　Framing Volcanic Fumes

1982年（昭和57年）　143×143cm　麻　二曲屏風
第21回日本現代工芸美術展

噴煙を枠内に封じ込め、それをはみ出そうとする反撥力により噴煙浮上を表現。

31. 明日を待つ女 Woman Contemplating Tomorrow

1985年（昭和60年）　172×172cm　麻　二曲屏風
第24回日本現代工芸美術展

何かを孕む屋内の出来事、明日を夢見る女性のポーズ。

32. **突然の女** Unexpected Female Visitation

1984年(昭和59年)　172×172cm　インド綿　二曲屏風
第10回口展

ある日突然の女性の訪問に、室内にある種の動揺が走った。

33. 三角形のテキスト　Pyramid Texts

1983年（昭和58年）　172×172cm　浜紬　二曲屏風
第15回日展

エジプトにおけるピラミッドテキストは5000年の歴史を今日に伝えている。その象形文字の鮮明な刻印（文書）は、まさに、人間の生活へのメッセージである。そのテキストを風景の中にイメージしてみた。

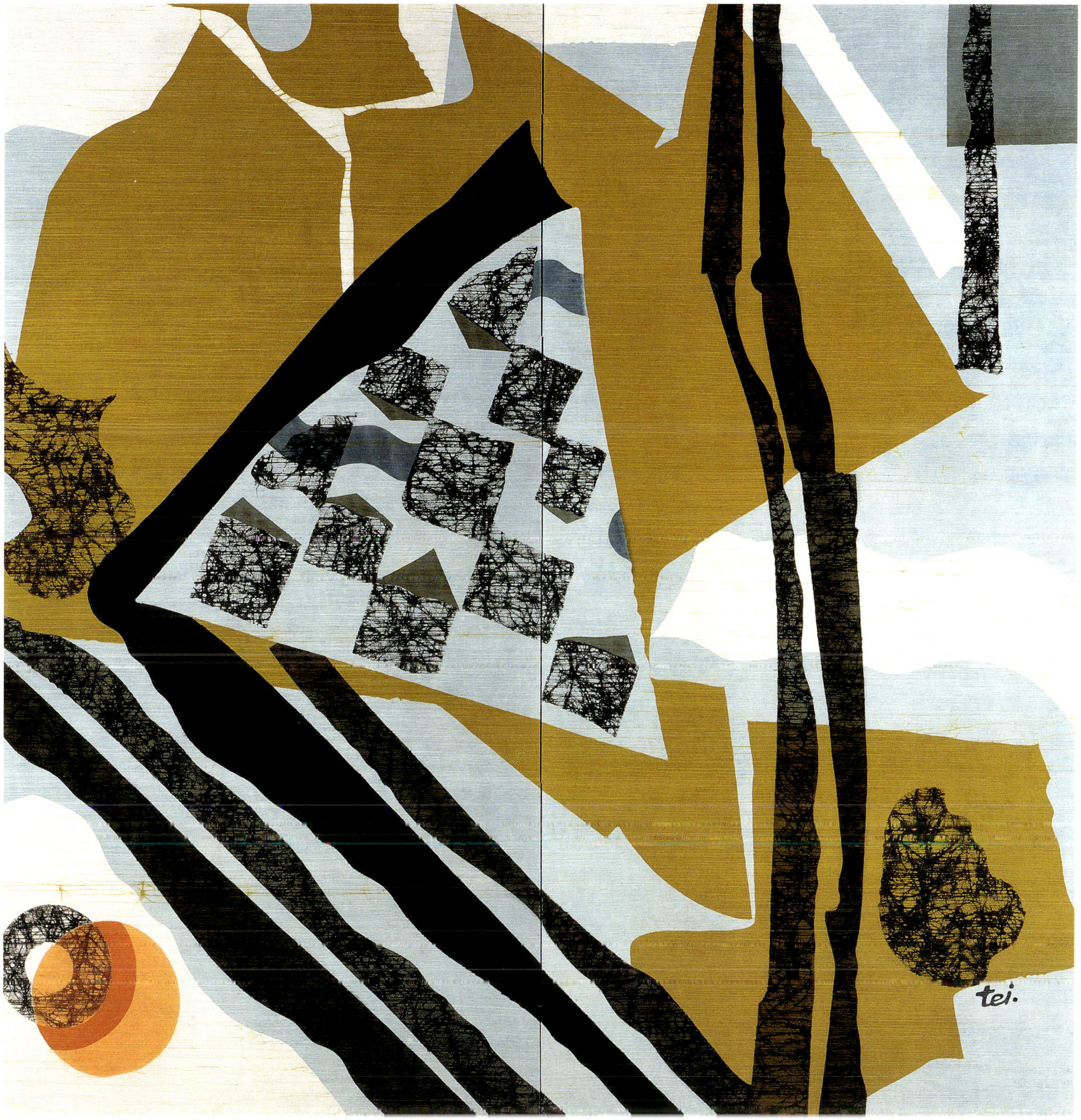
tei.

34. 西独・冬の旅　Inspired by Franz Schubert: *Winterreise* in West Germany

1986年（昭和61年）　172×172cm　麻　二曲屏風
第25回日本現代工芸美術展

厳寒２月、ハイデルベルク大学創立600年祭に染色作品と共に参加した私は、シューベルトの楽曲「冬の旅」を想起し制作。

35. メルヘン街道　Germany's "Fairy-Tale Road"

1987年(昭和62年)　172×172cm　麻　二曲屏風
第26回日本現代工芸美術展

作品のテーマは、グリム兄弟生誕の地、ドイツのハーナウ。メルヘン街道を縫って旅行したときの印象を本藍と臙脂綿を併用して染色。

36. 堂内　Within the Edifice

1989年（平成元年）　172×172cm　麻　二曲屏風
第21回日展

あらゆる宗教を超えて、人間の希求する崇高なるものに対する祈りの空間。
そこには生活の中に永々と受け継がれてきた人間の精神の安らぎの場を直覚する。
そのような信者の集う空間を染色表現により表出。

37. 祈りの空間　A Place for Prayer in the Basque Provinces

1988年（昭和63年）　172×172cm　麻　二曲屏風
第20回日展

ピレネー山脈の南麓、バスク地方には名もない素朴なロマネスクの礼拝堂が多く点在している。それらの礼拝堂も年月の経過のうちに改修され、新旧折衷のおもしろさを呈している。簡潔な表現を目指した。

38. 白夜　White Night

1988年（昭和63年）　172×172cm　麻　二曲屏風
第27回日本現代工芸美術展

39. 日蝕　White Eclipse

1987年（昭和62年）　172×172cm　綿　二曲屏風
第19回日展

1年間のヨーロッパ滞在は、私のイメージの世界を限りなく拡充してくれたようだ。いつまで経っても暮れない太陽、そんな白夜にも暮れゆく一刻がある。ふと日蝕を思わせる瞬間でもあった。

40. 巨木積雪　Snow on a Sacred Tree

1990年（平成2年）　172×172cm　麻　二曲屏風
第22回日展　文部大臣賞
京都府立総合資料館蔵

京都・京北に数百年の風雪に耐え抜いた欅の巨木がある。その樹を村人達はいつとはなく「神木」と呼ぶようになった。
早春、その樹に新雪の積もるのを見た。
巨木に宿る生命力の強さに感打され、その存在感を表現した。

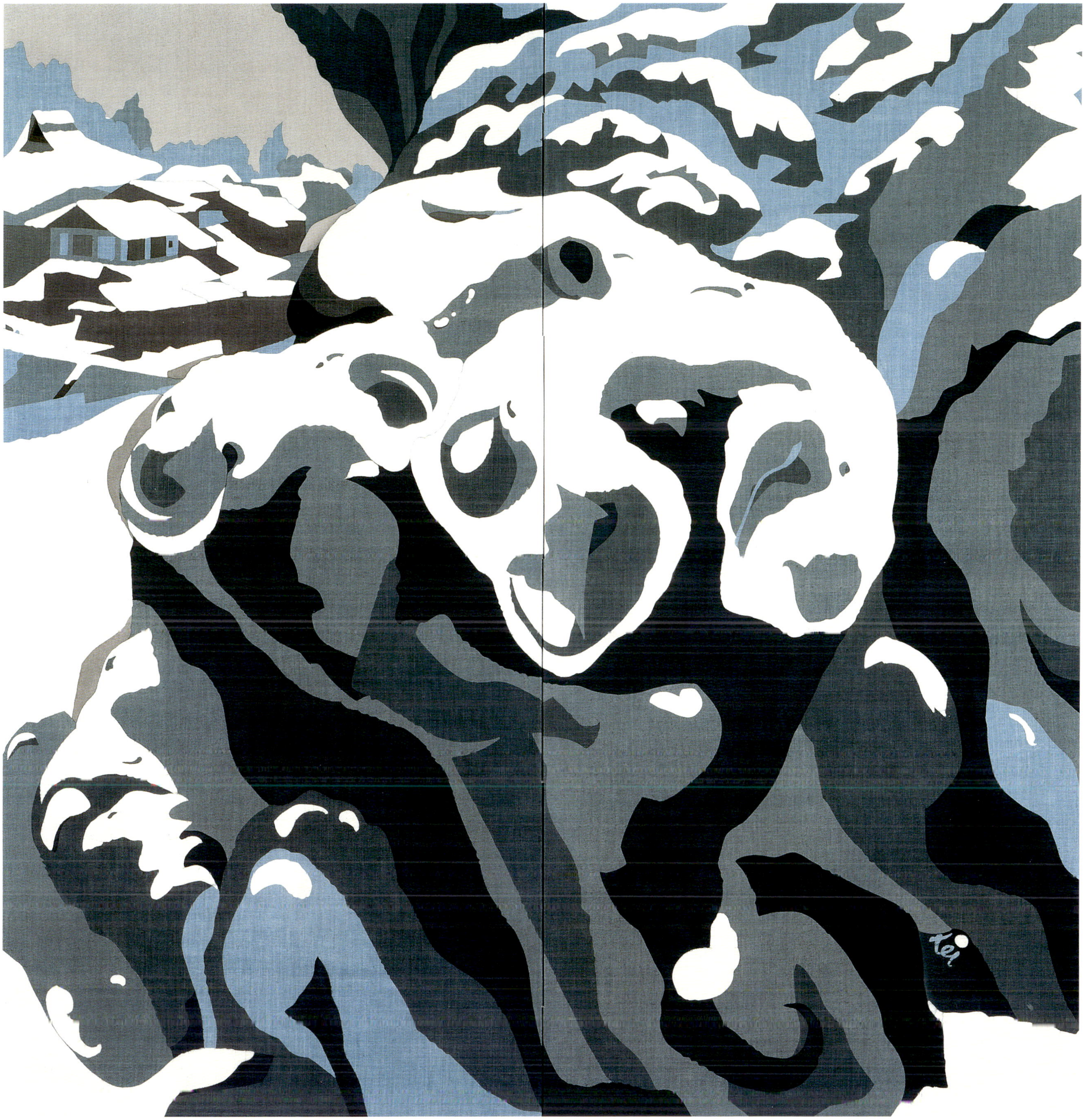
tei

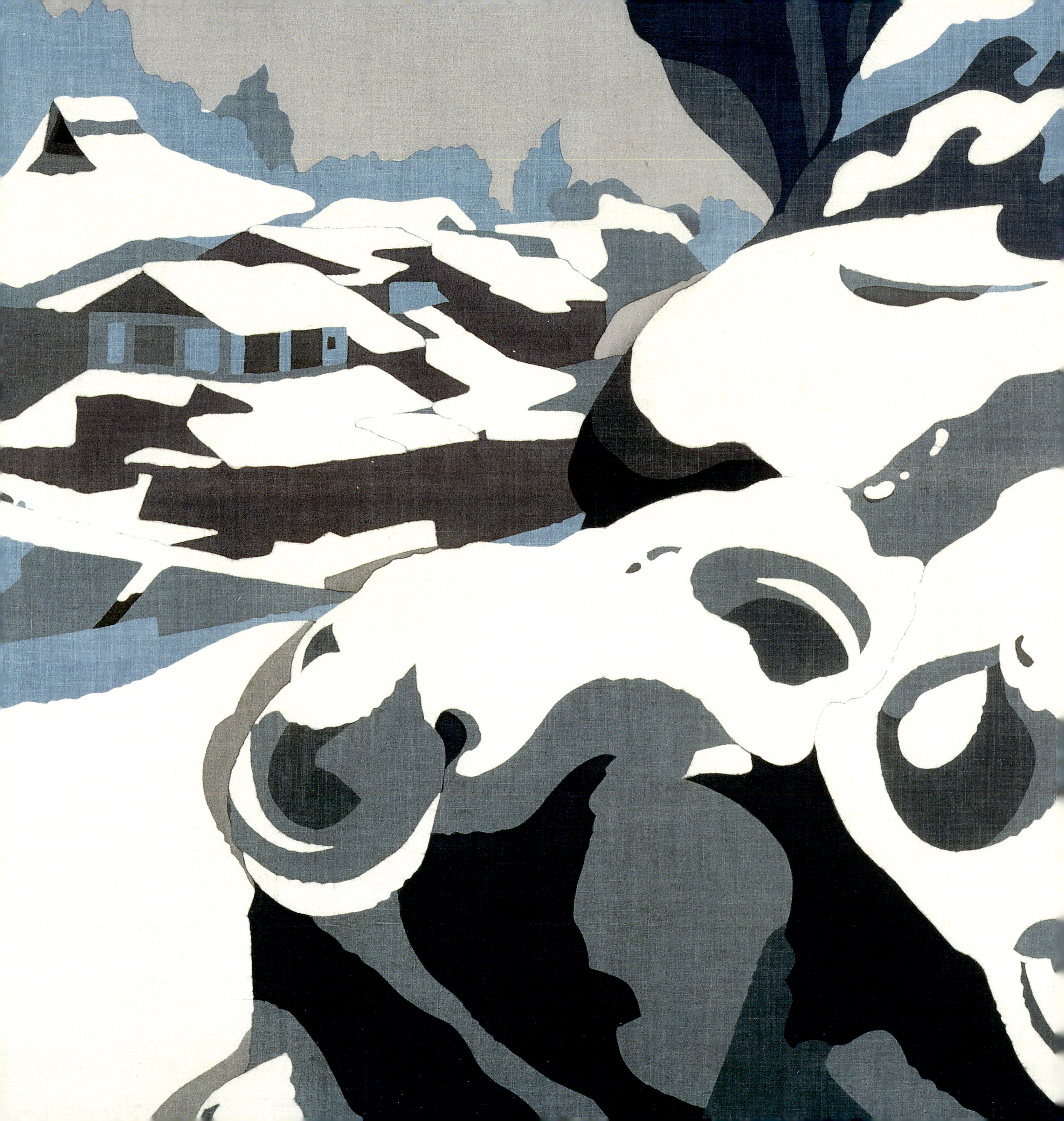

41. 木魂　Tree Spirits

1990年（平成2年）　172×172cm　麻　二曲屏風
第29回日本現代工芸美術展
染・清流館蔵

古木の根幹には、まさに木魂が宿る。

42. 原生雨林　Primeval Rain Forest

1991年（平成3年）　172×172cm　麻　二曲屏風
第23回日展
日本藝術院賞
京都国立近代美術館蔵

環境破壊が叫ばれ、自然と人間の結びつきが改めて話題となる昨今、熱帯雨林に見る原生の限りなき生命力の強さに感打された。

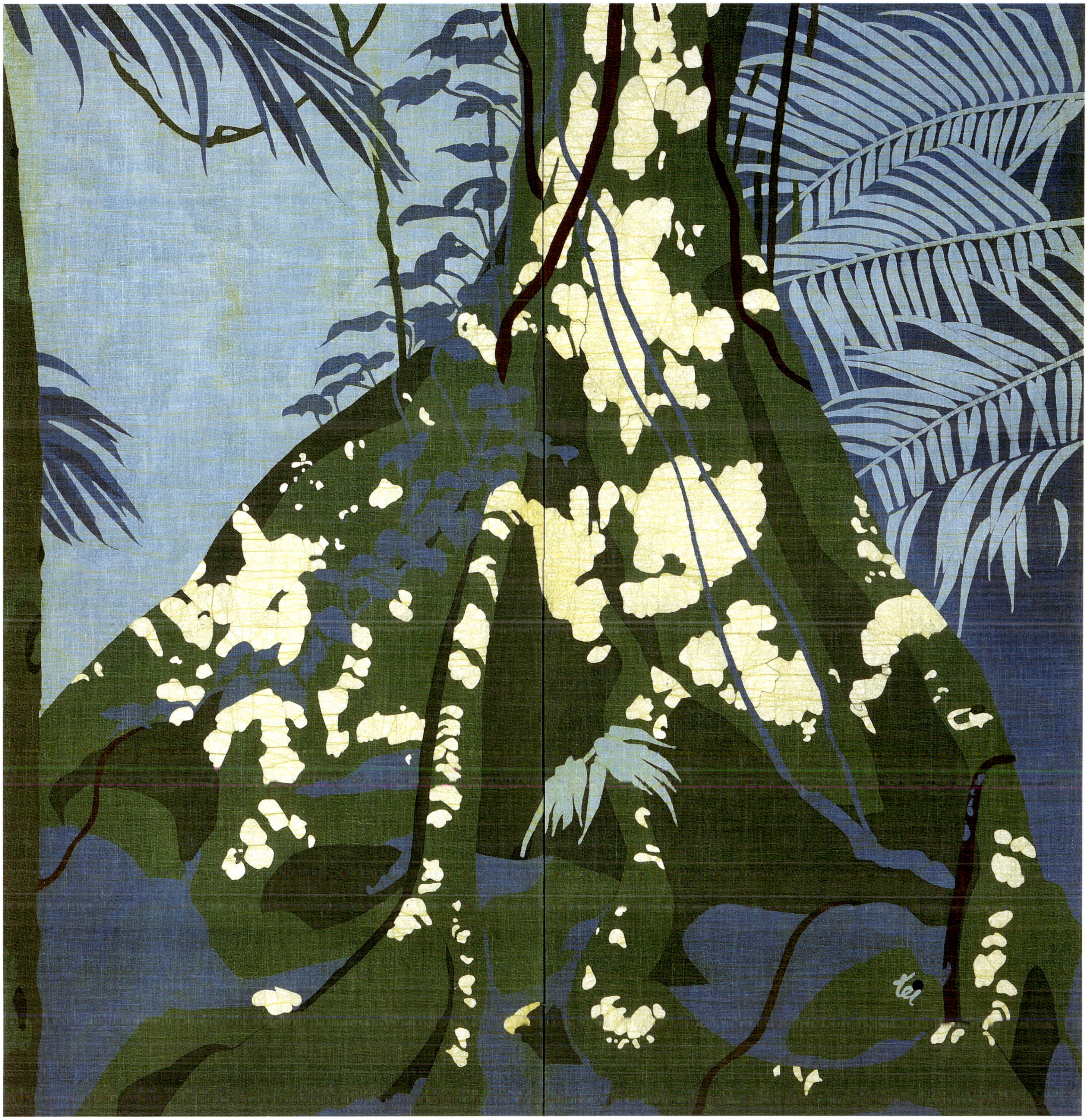
tei

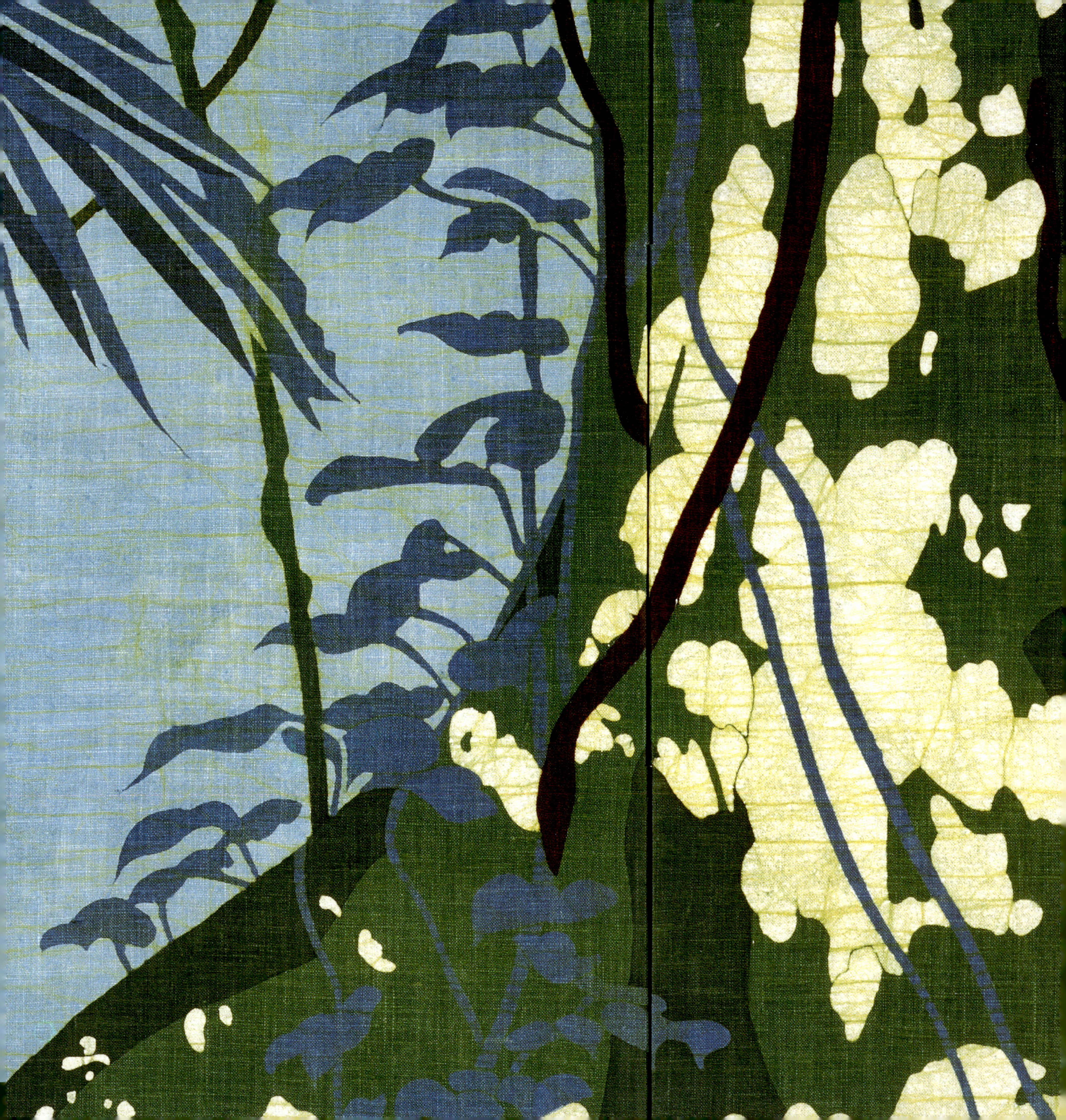

43. 叢林　Primordial Forest, Ishigaki Island

1992年（平成4年）　172×172cm　麻　二曲屏風
第31回日本現代工芸美術展
染・清流館蔵

石垣島の原生林に繁茂する熱帯植物。その旺盛な生命力には圧倒される。そのエネルギーの創出。

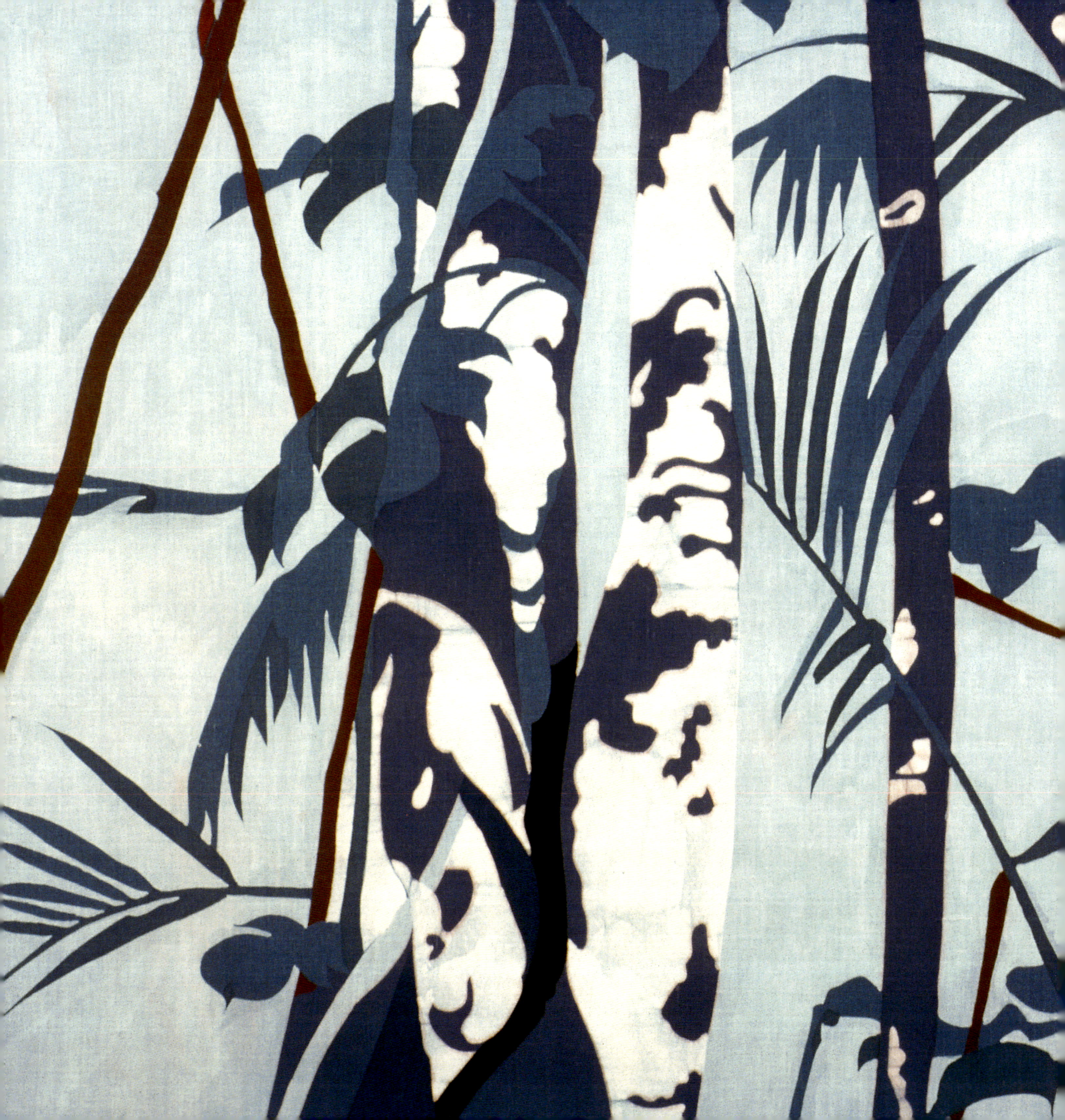

44. 先島へ　To Sakishima Islands in the Ryukyu Archipelago

1991年（平成3年）　172×172cm　麻　二曲屛風
第30回記念日本現代工芸美術展
染・清流館蔵

原生林の残る沖縄の島々には、まさに緑の楽園があります。湿潤な土地に繁茂する樹々はお互いに絡まりながら共存し、その生命力を謳歌しているかのように見える。

45. 群生　Symbiosis

1994年（平成6年）　172×172cm　麻　二曲屏風
第26回日展

群雄割拠するが如く、大地に突出して競い合う気根は、地下の酸欠状態より脱し、地表の大気を吸い込むという重要な役目を担っている。
その凄まじいまでの生命力と不可思議なフォルムは、私を捉えて離さない。

46. 共存　Coexistence

1995年（平成7年）　172×172cm　麻　二曲屏風
第34回日本現代工芸美術展

森に共存共栄の摂理を見た。

47. ECOLOGY

1995年（平成7年）　各172×172cm　麻　二曲屏風5隻
京都府企画展シリーズ「中井貞次展」
京都市立芸術大学芸術資料館蔵

原生林に見る自然環境の活き活きした美しさには目を奪われるものが
あるが、地球上の環境保全に願いを込めて構築。

48. 基 Fountainhead

1992年（平成4年）　小品　麻　額装
京都市立銅駝美術工芸高等学校蔵

樹林の根幹に生態の源泉を探る。

49. 西表島の月　The Moon Through the "Looking-Glass Tree" on Iriomote Island

1994年（平成6年）　172×172cm　麻　二曲屏風
第33回日本現代工芸美術展
京都国立近代美術館蔵

西表島に見られるサキシマスオウの樹の板根の形態は実に不可思議な流動感とリズムを生み出している。

50. 生命　Vitality

1997年（平成9年）　172×172cm　麻　二曲屏風
第36回日本現代工芸美術展

幾世層を経た大樹は、雄々しく天空に聳え立つ。その生命力の尊厳、エネルギーに圧倒され、イメージの創出を試みた。

51. 縄文杉　The Jomon Cedar Tree of Yakushima

1997年（平成9年）　172×127cm　麻　二曲屏風
第29回日展

厳として聳え立つ太古の杉は、屋久島の時空間を圧して余りあるものがある。自然のもつ計り知れないまでの雄大さや生命力の強靱さには、今更ながら驚かされる。地球全体の環境保全への希求を込めて創作。

52. 樹轟　The Roar of the Forest

1998年（平成10年）　172×172cm　麻　二曲屏風
第37回日本現代工芸美術展

数千年の風雨に耐え抜いてきた縄文杉の梢には、秘められた生命の迸りを感じる。それは、はばたく巨鳥の翼の如く、そのシルエットを地上に投射し、また、樹幹に宿された次代の生命の萌芽は、限りない生命の循環と共生を証す。
縄文杉の威容にこのような生命のドラマを直覚して構築。

53. 樹性 Forest Soul, Yakushima

1998年（平成10年）　172×172cm　麻　二曲屏風
第8回染・清流展

世界自然遺産登録地域に指定されている屋久島は、まさに原生のままを今日に伝えている。限りなく湿潤な山岳地帯の樹場は、まるで生命の再生工場とも言うべき様相を呈している。
例えば、倒木上再生や共生といった現象は、また、樹種存続のせめぎ合いでもあり、厳しい生存への葛藤を直覚するわけである。
このような樹場の中に、樹々のもつ本性を見据えて創出を試みた。

54. 樹座　Tranquility of Tree and Rock, Yakushima

1999年（平成11年）　172×172cm　麻　二曲屏風
第38回日本現代工芸美術展

原生林に迷い込むと、様々なものが自己顕示しながら迫ってくる。樹間の巨石に腰掛け憩をとるかのような樹相が見える。森の空間に一時の安らぎが流れる。

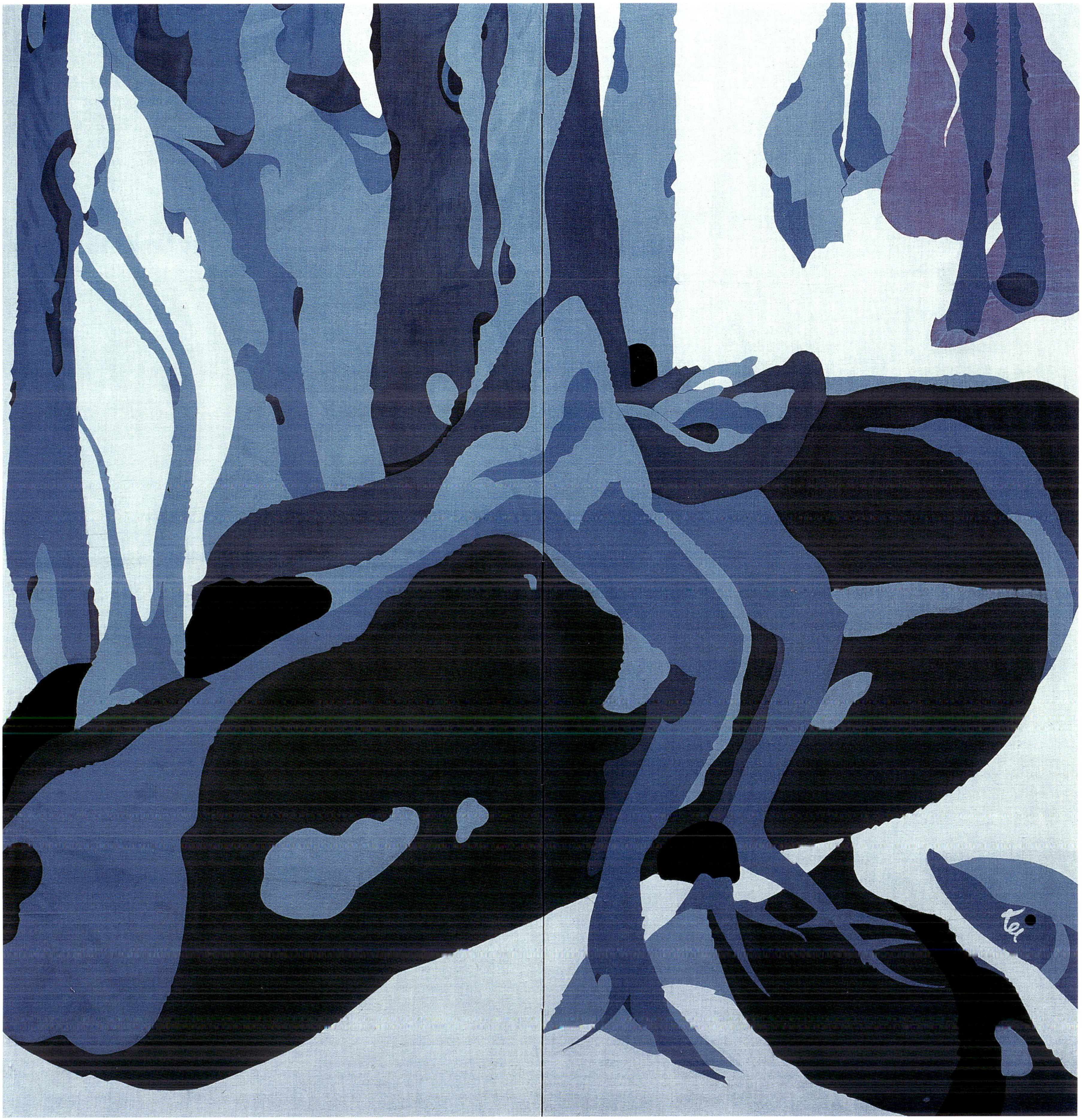
tei

55. 響応　Resonance

1997年（平成9年）　172×344cm　麻　四曲屏風
第7回染・清流展
染・清流館蔵

樹場に流れる共存共栄の生命讃歌をテーマとして制作。

56. 何処かで　Somewhere in the European Mountains

1996年（平成8年）　150×150cm　麻　二曲屏風
第28回日展

ヨーロッパの山間部の名もない集落に心を惹かれることがある。それは長い年月の間に培われた風土固有の文化の集積が直感されるからであろう。
そこに住む人々は、そのようなことに気付くこともなく、独自のペースで素朴な生活を営んでいる。

57. 路 The Road

1998年（平成10年）　173×122cm　麻　二曲屏風
第30回日展

路に対するイメージは限りなく広がる。ヨーロッパの田園地帯を走る路も、シルクロードに代表される歴史的な東西文化交流の路もまた路。これらの路にも、その国その土地固有の自然のもつ空間性を実感する。風土に培われた、かつて通り過ぎた路に想いを馳せ制作した。

58. 遠望（メルヘン街道）
A Distant View of the "Fairy-Tale Road"

1998年（平成10年）　小品　麻　額装

メルヘン街道を北上したハーメルン周辺の田園地帯は、自然と人間との融和の中にメルヘンティックな生活が感じられる。

59. Schwarzwald
Schwarzwald – The Black Forest

1998年（平成10年）　72×93cm　麻　額装

ドイツとフランスの国境を画するライン河。それに沿って広がるシュヴァルツヴァルトは、まさにその名が意味する"黒い森"を形成している。その豊かな水量に育まれた森が見渡す限り続く。

60. 桂林呑望 Spring in Guilin

2000年（平成12年） 50×40cm 麻 額装
第23回京都工芸美術作家協会展

61. 桂林清鏡 Guilin Reflections

2004年（平成16年） 小品 麻 額装
日展会館蔵

中国屈指の風光をもつ桂林は、古代の地殻変動により造り出された自然で、古くから絵画や詩歌に描かれ、詠われてきた。
漓江の両岸に繰り広げられる奇々怪々の山容は素晴らしく、河面にその姿を反映させている。
麻布に蝋防染を施し、藍染を繰り返しながら藍の濃淡によりその諧調を創出した。

62. 桂林渺茫　Eternal Vista, Guilin

1999年（平成11年）　160×140cm　麻　二曲屏風
第31回日展

桂林ならではの悠久な山水に魅せられ、独自のイメージの創出を試みた。

63. 山水　Mountains and Rivers Without End

2000年（平成12年）　160×140cm　麻　二曲屏風
第32回日展

「山水」という言葉は、悠久の歴史と気宇壮大な自然を感じさせるものがある。そして、その「山水」のイメージを想起させてくれるのが中国桂林の風光かも知れない。
漓江の流れに繰り広げられる桂林の奇しき山容には、まさに、自然と人間の共生の原点を見るようだ。

64. 山河　Mountains and Streams in China

2002年（平成14年）　各142×321cm　麻　四曲屏風一双
第12回染・清流展

中国の黄河、長江などの流域に連なる山々は、それぞれに悠久にして雄大、深奥な風光を呈している。ことに桂林の連山と漓江の流れは奇々怪々の風景を放っている。そのイメージに基づく。

65. 桂林　Guilin

2004年（平成16年）　170×120cm　麻　二曲屏風
第36回日展

漓江下り4時間余り、その両岸に繰り広げられる桂林の山容は、まさに自然が造り出した想像を絶する素晴らしい風光である。
私は桂林に魅せられ、山水の典型として連作を試みてきたが、更に、桂林全体から享受する独自のイメージの世界を、もっと端的な表現の中に創出できないものかと挑んでみた。

66. 桂林の月　Guilin Moon

2001年（平成13年）　146×76cm　麻　額装
第33回日展
神宮美術館蔵

漓江の滔々たる流れの両岸に連なる奇しき山容は、いまだ我々を空想の世界に誘う。その桂林に今宵も月は煌々と照射しているのだろうか。

67. 桂林　Guilin

2000年（平成12年）　160×410cm　麻　六曲屏風
第10回染・清流展
染・清流館蔵

中国屈指の詩的空間に魅せられ、故事に想いを馳せ、ワイドな画面に
独自のイメージの展開を試みた。

68. 桂林山容 Guilin Mountain Profile

2000年（平成12年）　172×172cm　麻　二曲屏風
第39回日本現代美術展

69. 山層　Mountain Palimpsest

2004年（平成16年）　140×160cm　麻　二曲屏風
第14回染　清流展
麻布藍染

桂林一帯の山々を象徴的に捉えてみたかった。

70. 桂林山水 Guilin Landscape

2011年（平成23年） 45×65cm 麻 額装

悠久の桂林の山容と漓江への反映を表現。

71. 桂林の月　Moon Over Guilin

2011年（平成23年）　47×65cm　麻　額装

72. 山水月　Moon, Water, and Mountain

2003年（平成15年）　140×320cm　麻　四曲屏風
第13回染・清流展

桂林の風景にも典型となるものが潜んでいる。その源泉となる形態を導き出し再構成。

73. 連山　Mountain Range

2002年（平成14年）　140×160cm　麻　二曲屏風
第41回日本現代工芸美術展

74. 桂林只中　Guilin Essence

2005年(平成17年)　140×160cm　麻　二曲屏風
第37回日展

桂林の尽きせぬ魅力を染色ならではの表現でどこまで創出できるのか。
山々の変容のおもしろさに焦点を合わせ、色彩の微妙な諧調は天然藍の浸染を繰り返し、独自のイメージの展開を推し進めた。

75. 蹟　Ruins Near Dunhuang

2003年（平成15年）　80×70cm　麻　額装
第26回京都工芸美術作家協会展

河西回廊を西へ敦煌を目前に位置する嘉峪関、万里の長城の最西端の
砦より明代の風化寸前の城壁を見渡す。

76. 西域の風　Winds of Western China

2003年（平成15年）　140×160cm　麻　二曲屏風
第42回日本現代工芸美術展

西安より蘭州へ、更に河西回廊を敦煌まで行くロードは、まさに東西
文化交流のメインルート。そのロードに沿って明代に築かれた長城。
狼煙台としての役目を果たした砦は千余年の歳月の経過に風化しつつ
ある。
そして、そこに吹く風は、今昔を問わず通り過ぎてゆく。

77. 風回廊　Windy Hexi Corridor

2002年（平成14年）　140×160cm　麻　二曲屏風
第34回日展

蘭州から敦煌に通じる河西回廊。南に万年雪を頂く祁連山脈を遠く望みながら、ゴビを西へ、もう直ぐ敦煌に入るという手前に「風の口」と呼ばれる地帯がある。
地理・地形、気温・気流のまき起こす風なのだろうか。飄々と吹く不可思議な風、東西文化の行き交った歴史に想いを馳せ、そのイメージに基づく創出。

78. 莫高窟回想　Memories of the Magao Grottoes

2004年（平成16年）　140×160cm　麻　二曲屏風
第43回日本現代工芸美術展

敦煌莫高窟は4世紀から14世紀に至る、約1000年間に1000に及ぶ石窟寺院が造営されたが、現在は492の石窟が確認されており、世界文化遺産として保存管理されている。
その内部には歴代の東西文化交流を如実に物語る素晴らしい壁画や彫塑像が数多く遺されている。
飛天の舞うその魅力ある幾つかの石窟に想いを馳せ回想した。

79. 狼煙台　Ancient Signal Tower

2003年（平成15年）　140×160cm　麻　二曲屏風
第35回日展

中国において古くより築かれ使われてきた狼煙台は、壮大無辺の大陸の時空間を視野に入れた、まさにコミュニケーション手段の一つであった。一筋、二筋と上がる狼煙に当時の人達はどのような緊迫感を告げ合ったのであろうか。
今日の高度な情報化時代にあって、私達は消え去ってゆくものに改めて自省を促されるのである。

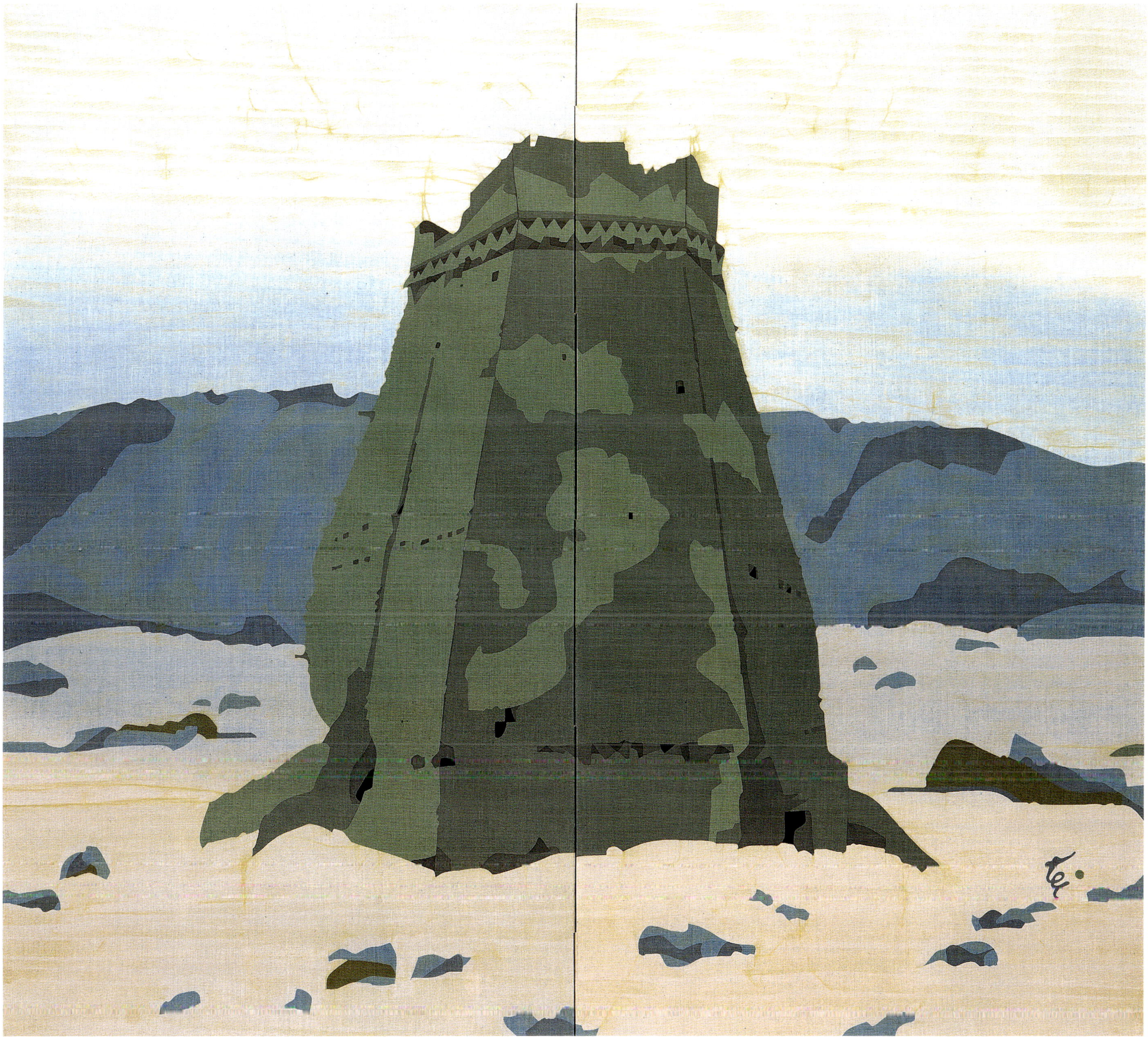

80. 連樹　Link of Trees

2009年（平成21年）　160×140cm　麻　二曲屏風
第48回日本現代工芸美術展

樹林の中に秩序ある連なりのようなものを見出したい。抽象化した樹々のおもしろさを求めた。

81. 森の語らい　Conifer Conference

2005年（平成17年）　160×140cm　麻　二曲屏風
第44回日本現代工芸美術展
神宮美術館蔵

森には様々な樹がそれぞれの生命力を誇示するかのように林立している。耳を澄ますと梢の葉擦れの音や野鳥の鳴き声が深閑とした樹間に響きわたる。
そのような情景をイメージし、麻布に蠟防染を施し、藍を主調色とした浸染法による染色。

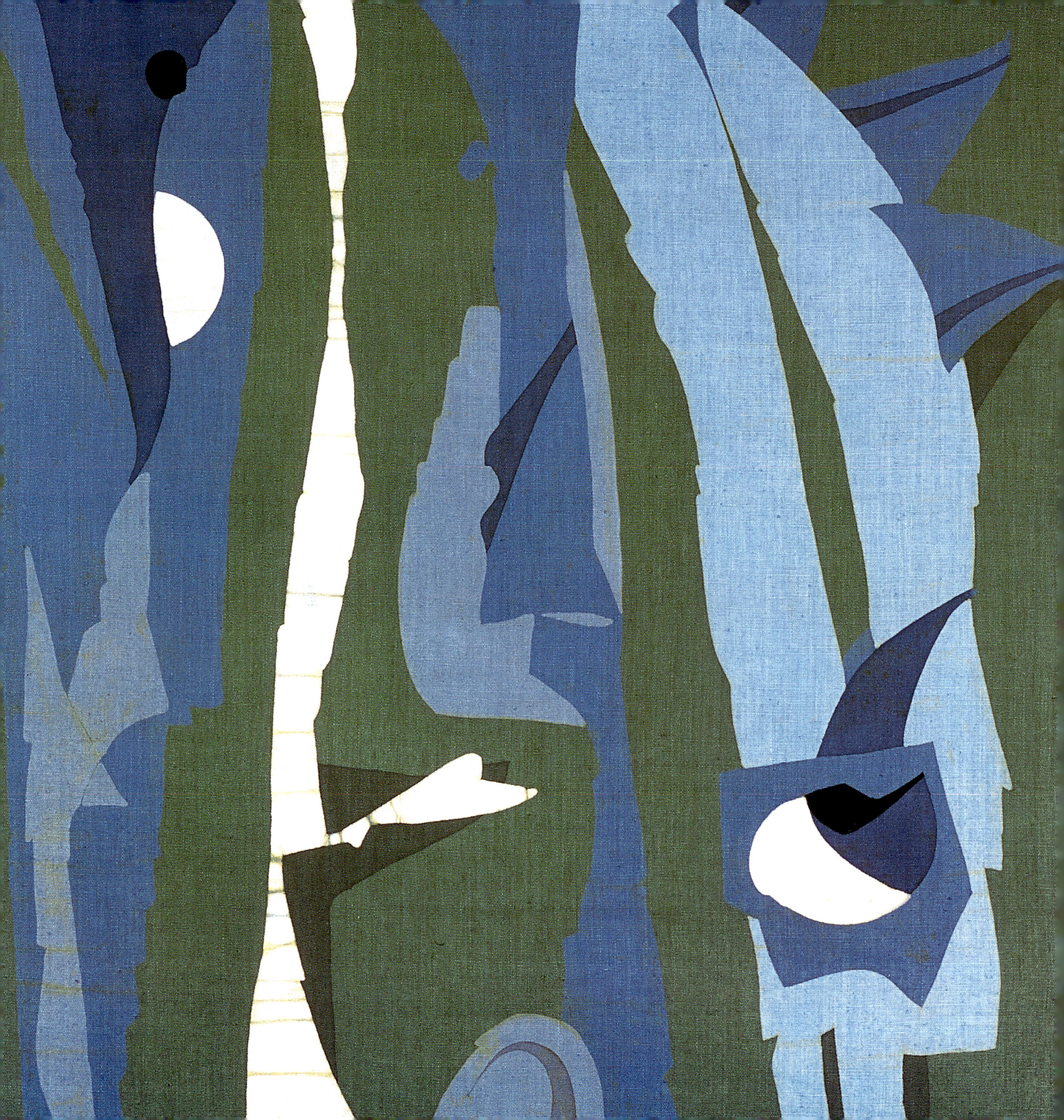

82. 凛と　Dignity of the Forest

2000年(平成20年)　140×100cm　麻　二曲屏風
第47回日本現代工芸美術展

凍れる樹林をテーマに、そのファンタジーの世界を形象化した。色彩は天然の藍の濃淡を基調に、凛とした透明感を浸染法により表出した。

83. **森の間**　"Song of the Forest" – Inspired by Dimitri Shostakovich

2007年(平成19年)　140×160cm　麻　二曲屏風
第39回日展

地球温暖化が問題視される今日、去来するのは、ショスタコービッチの壮大なオラトリオ「森の歌」だ。そこには森に木を植えようという植林計画、つまりは自然環境保全の思潮が息づいている。
学生時代、「森の歌」の合唱の練習に明け暮れた頃に想いを馳せ制作。

84. 森の詩　Forest Poesy

2010年（平成22年）　160×140cm　麻　二曲屏風
第49回日本現代工芸美術展

森に棲む、樹々の梢を渡る葉擦れの音、様々な野鳥の囀り。深奥な森
空間に溢れる万物の気韻生動がテーマ。

85. 繋がり　　Bridging Heaven and Earth

2008年（平成20年）　160×140cm　麻　二曲屏風
第40回日展
日本藝術院蔵

樹は天と地を繋ぐ懸け橋である。人は樹のもつ大いなる生命力に感打され、心の癒やしを受けるのだろうか。樹から樹への連鎖は、やがて林を造り、更に、森と化していく。
そこに見られる時空間の樹々の変貌は、私達に形と色のおもしろさを限りなく投げかける。

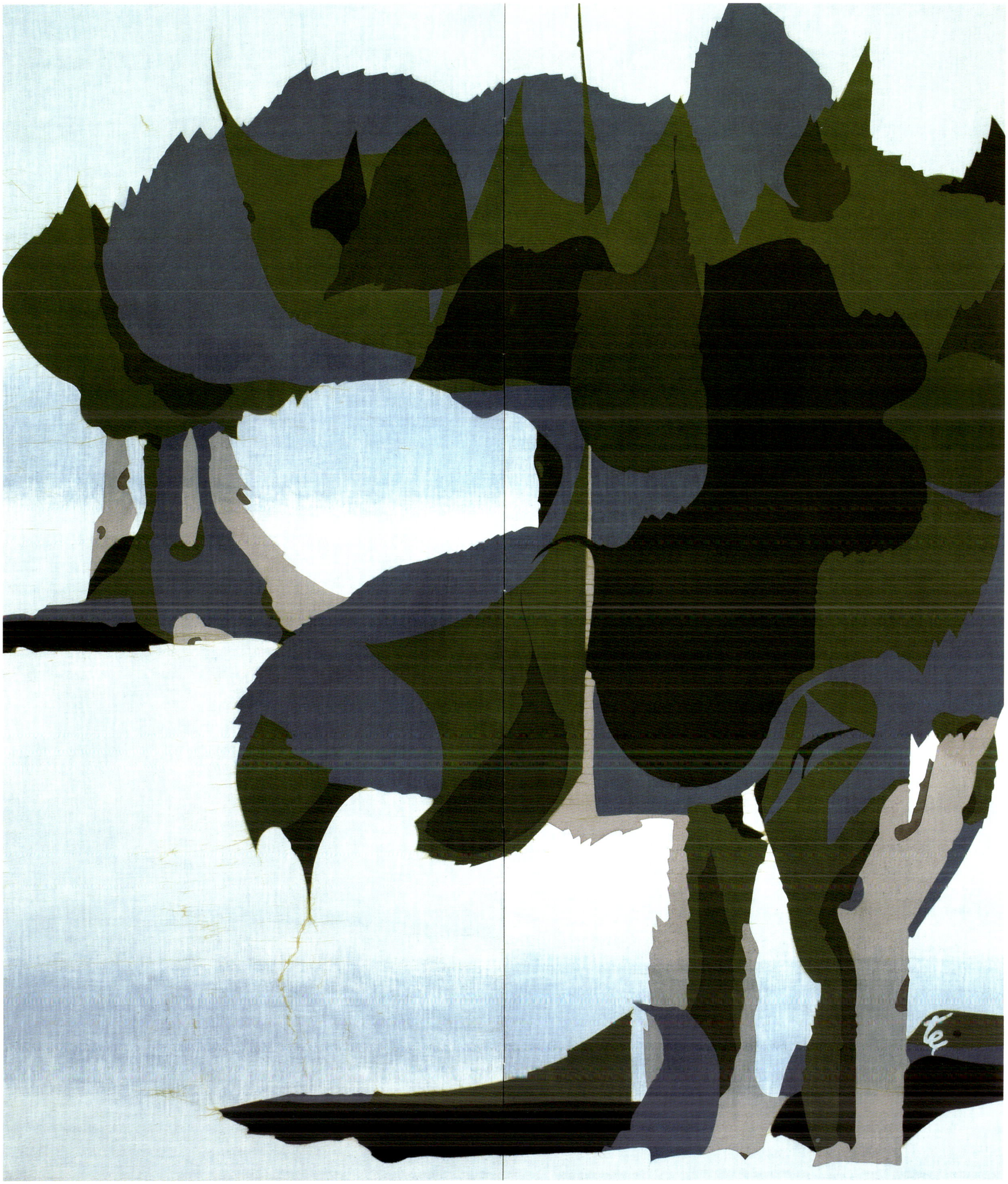

86. 森韻 Forest Rhymes

2007年（平成19年）　140×160cm　麻　二曲屏風
第46回日本現代工芸美術展

森を逍遥するときに体感する騒めきと深閑。そこに息づく生命の謳歌がテーマ。

87. 樹林回想　Forest Rejuvenation

2006年（平成18年）　140×160cm　麻　二曲屏風
第45回記念日本現代工芸美術展

原生林に見る倒木上再生の現象、共存共栄の中にシンボルとしての縄文杉の存在がある。

88. オマージュ　Homage to the Forest

2009年（平成21年）　160×140cm　麻　二曲屏風
第41回日展

森へ行こう。森林浴にひたりながら計り知れない自然の恩恵に讃歌を捧げよう。
森に実存する深奥な空間性や漲る生命の蠢きなどを体感するとき、私達は環境保全を確固たるものとして、森を常しえに守り続けなければならないと思う。

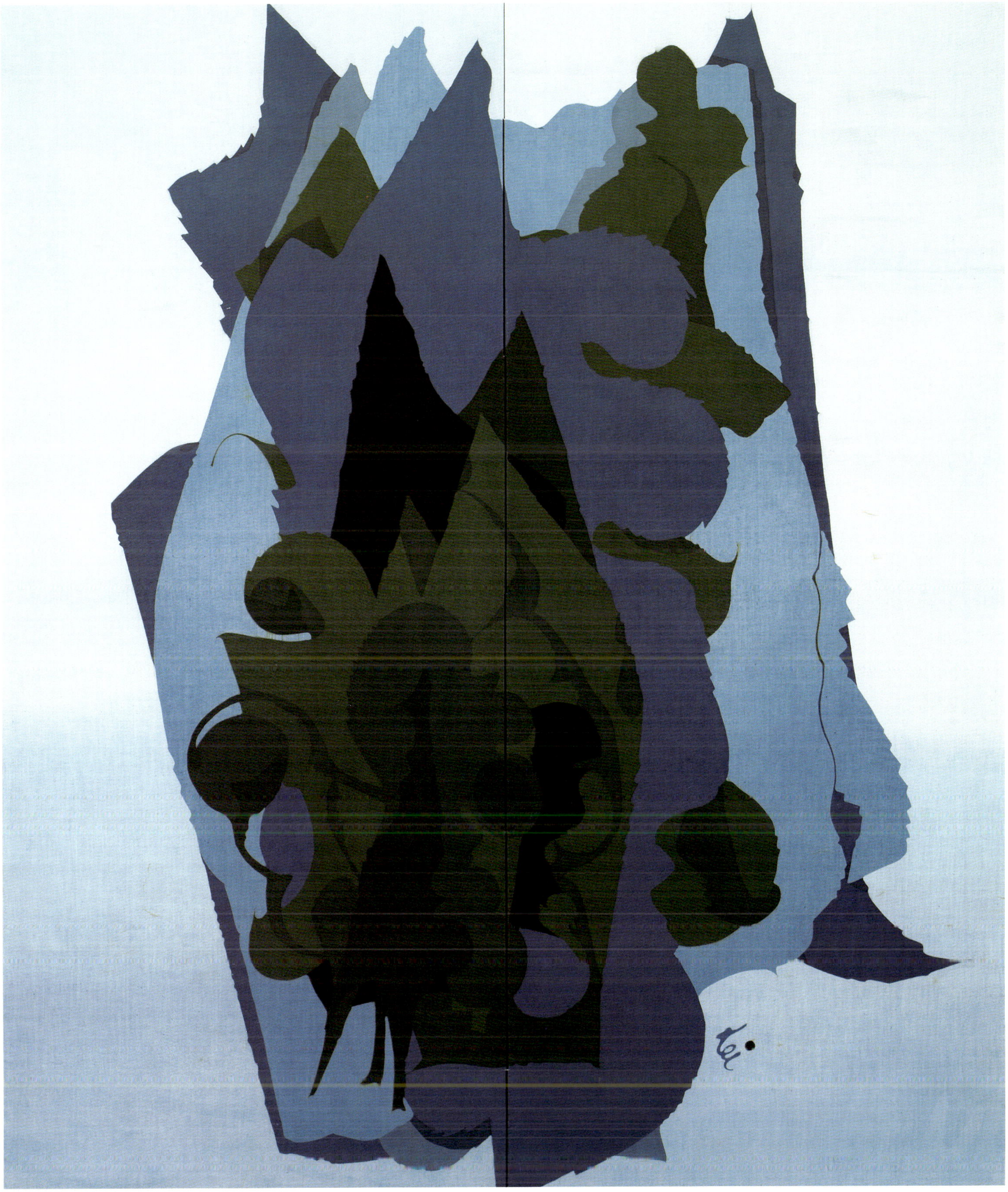

89. 春宵　Spring Evening

2010年（平成22年）　45×60cm　麻　額装

90. 秋奏　Autumn Timbre

2010年（平成22年）　45×60cm　麻　額装

秋の森に響く竪琴の音色をイメージし制作。

91. 極相林　Forest Apotheosis

2011年（平成23年）　160×280cm　麻　四曲屏風
第18回染・清流展

樹林が遷移により、しだいに変化し、その土地、その風土の環境条件に合った様相を呈していくが、その極相の樹林の有り様を空想し制作。

92. 月光 Moonlight

2010年(平成22年)　50×40cm　麻　額装
京都市立芸術大学創立130周年記念アートフェア

藍の浸けぼかしによる月光の風景。

93. 樹々の調べ　Conifer Quartet

2010年（平成22年）　160×140cm　麻　二曲屏風
第42回日展

樹々の奏でるクァルテットを聴く。樹々それぞれの形態は、観る人に様々なイリュージョンを解き放つ。
即ち、4本の樹々の中に人や鳥や獣の形が連想され、そこに響応する四重奏。ふと我に返ると樹間に文様化された時空が流れる。

94. 京北の夏　Summer in North Kyoto Prefecture

2010年（平成22年）　小品　麻　額装

95. 冬至　Winter Solstice

2010年（平成22年）　小品　麻　額装

山野の風景を文様的に捉え、イマジネーションの展開を2段、3段と試みた。

96. 大樹 One Large Tree

2006年（平成18年）　44×34cm　麻　額装

97. 風樹 Swaying in the Wind

2006年（平成18年）　44×34cm　麻　額装
現代工芸近畿会小品展

98. 森の詩 Forest Song

2006年(平成18年)　小品　麻　額装

99. 山野 Fields and Mountains in Guilin

2012年（平成24年）　45×51cm　麻　額装

桂林に近づくにつれ、山々の突起が目立ち、その地殻変動の凄さが分かる。しかし、その風景も何万年もの経過により形造られた山容である。

100. 湖の詩　Lake Poems

2011年(平成23年)　160×140cm　麻　二曲屏風
第43回日展

過ぎ去った日の湖畔に遊んだことに想いを馳せ、そのイマジネーションの展開。静謐な空間に広がる湖の有り様は、心に安らぎを与えてくれる。画面上の白い形にこだわり、藍色との対比に焦点を当ててみた。染色の醍醐味は、生地白をいかに表現の中にとり込むかにかかっている。

101.　樹林 I　　Forest I

2012年（平成24年）　54×40cm　麻　額装
高寿会

102. 樹林 II　Forest II

2012年（平成24年）　54×40cm　麻　額装
晶寿会

樹林に見るクライマックス。

103. 独樹　Solitary Tree

2007年（平成19年）　140×160cm　麻　二曲屏風
第16回染・清流展

王維に「独樹臨関門、黄河向天外」という詩がある。その気宇壮大な空間に敢然として起立する一本の樹の凄さ、王維が抱いた感慨をイメージし、染色ならではの表現効果を試みた。

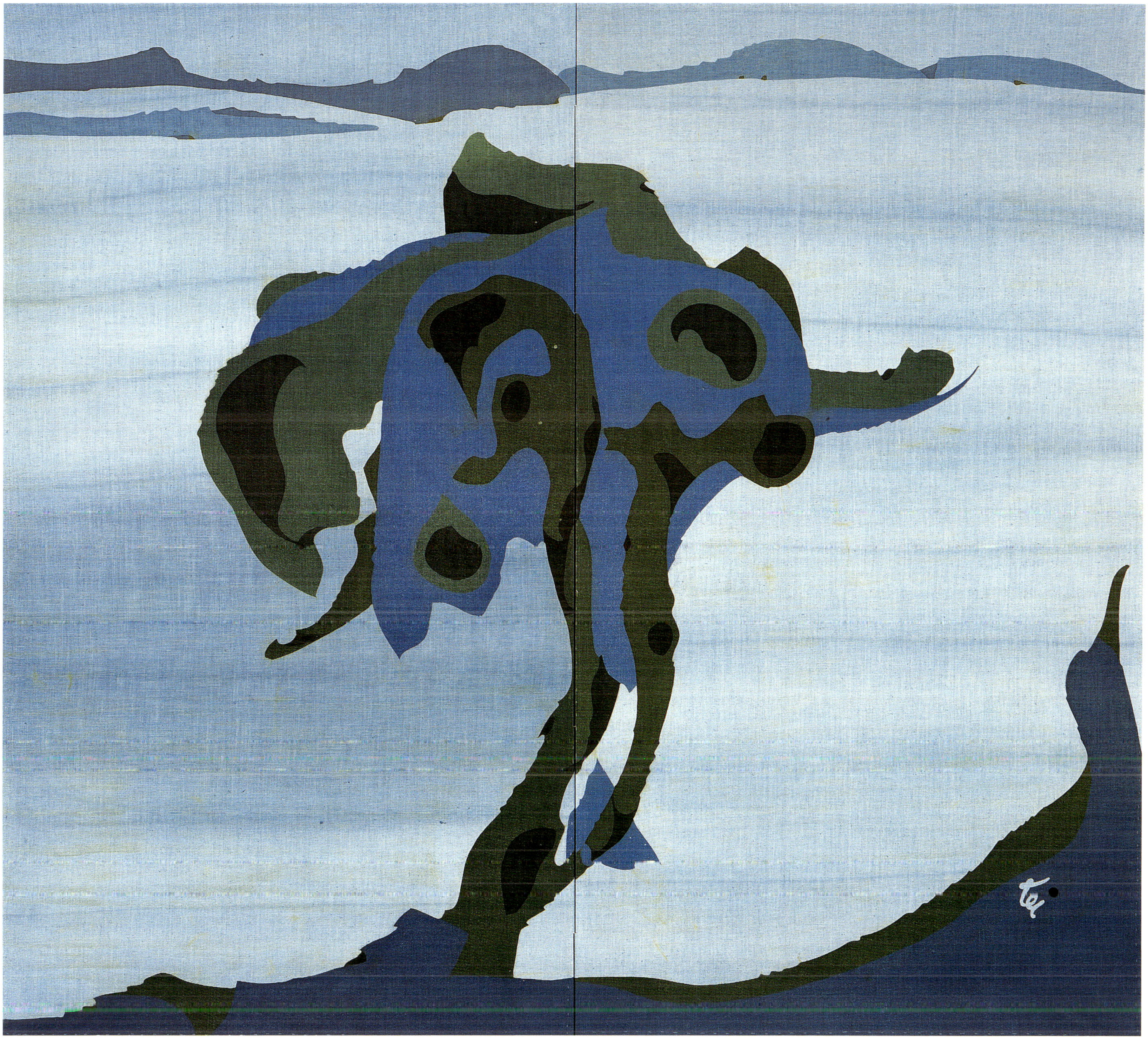

104. 映 River Reflection

2004年(平成16年) 小品 麻 額装
第27回京都工芸美術作家協会展

桂林の山容と漓江との響応を幻想的に捉えてみた。

105. 森物語　Tale of the Woods

2011年（平成23年）　88×120cm　麻　額装
第50回記念日本現代工芸美術展

森の中の時空間に漂うロマンティックな色と形と音の響応。いつしか
森の虜となって佇むばかり。創り手にとって至福の刻が流れる。

106. 風景 Landscape

2012年(平成24年)　160×140cm　麻　二曲屏風
第51回日本現代工芸美術展

世界中のどこにでもある里山風景。2011年の東日本を襲った未曾有の天災と人災。とり戻したい穏やかな自然を望むのは誰しも同じであろう。藍染、浸染を繰り返しながら、藍の濃淡、それに植物染料の黄色をその都度かけ合わせ、緑の透明感のある諧調を表出。

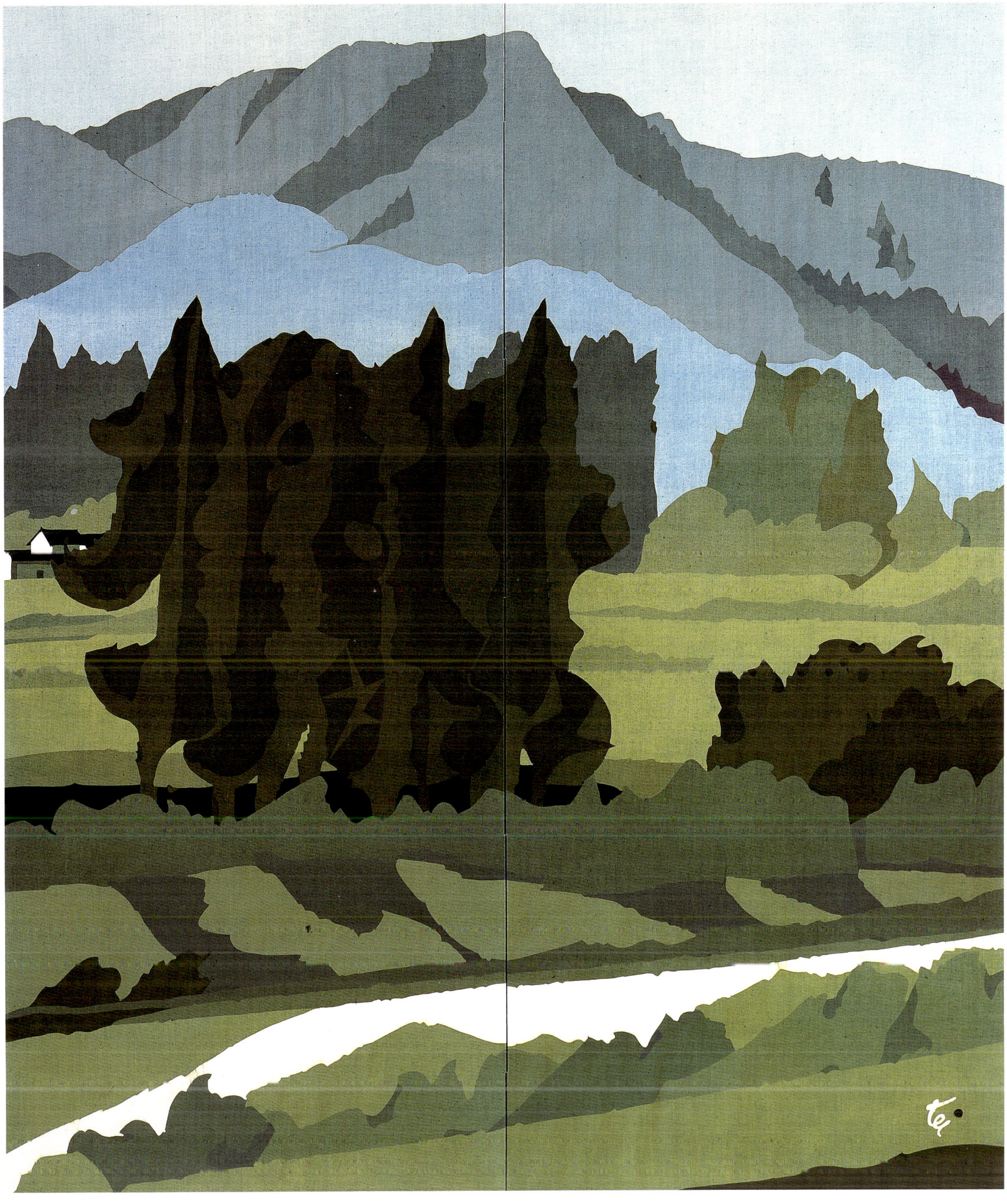

作品　Part II

1. 樹海

1978年（昭和53年）　240×1700cm　麻　パネル23枚
個展（朝日画廊）

寸法の違うパネル3種（3尺×6尺、3尺×3尺、3尺×1.5尺）計23枚による「樹海」をテーマとした壁面構成。
コーナーを利用したレイアウトにより樹間を快適にキープし、壮大なスケールの演出を試行。

2. 白い街

1980年(昭和55年)　170×140cm　浜紬　二曲屏風
第19回日本現代工芸美術展

アンダルシア地方の白い住居群は、強い陽光が反射し燦然と目を射す。

3. 噴煙

1992年（平成4年）　小品　麻　額装

時々刻々に変化する噴煙を見飽きることはない。その動き、形象のおもしろさを表現。

4. 活火山景

1992年（平成4年）　小品　麻　額装

5. 噴煙浮上

1992年（平成4年）　小品　麻　軸装

6. 気根

1993年（平成5年）　172×172cm　麻　二曲屏風
第25回日展

自然がもつ生存の摂理、エネルギーの不可思議、とりわけ、熱帯樹の気根の奇怪な形相に、神秘さをさえ感じる。その気根を対象としてイメージの展開。

7. 丘上都市

1995年（平成7年）　150×150cm　麻　二曲屏風
第27回日展

イタリアを縦に貫く山岳地帯、そのトスカーナからウンブリアにかけて点在する丘上都市は、人間がキリスト教世界を地形的環境に合わせてそれぞれにビジュアライズした精神の造形といえるのではないだろうか。
そのイメージに基づく丘上都市の構築。

8. 群落

1996年（平成8年）　172×172cm　麻　二曲屏風
第35回日本現代工芸美術展

サキシマスオウの樹の群落は、その気根が造り出す形象により奇怪な様相を呈している。

9. 樹

2004年（平成16年）　小品　麻　額装
第43回日本現代工芸美術展近畿展　小品展

樹の年輪は内側に、外側には風雪を刻む。

10. 風雲

1998年（平成10年）　小品　麻　額装

川端康成の名作「眠れる美女」の読後、ふと夢意識の中に制作。
「風雲」何かが起こるべくして起こる。

11. 桂林

2000年（平成12年）　40×55cm　麻　額装

風光明媚な桂林・漓江の流れの中にも人々の日々の生活がある。

12. 月の桂林〈映〉

2002年（平成14年）　45×180cm　麻　風炉先屏風

桂林・漓江の印象をファンタスティックに捉えてみた。

緞帳《夢拓く飛翔》部分

《夢拓く飛翔》原画

13. 緞帳《夢拓く飛翔》

2003年（平成15年）　290×1100cm
京都市立西京高等学校　メモリアルホール
原画／中井貞次　製作監修／株式会社龍村美術織物　製織／桐織物工場

地球上における自然環境保全が叫ばれる今日、自然と人間の共生こそ重要課題となっている。21世紀に生きる我々は、自然を謳歌しながら、それぞれの住む国、住む都市の伝統文化を基底として、大いなる創造への夢を膨らませたいものである。

緞帳《夢拓く飛翔》 西京高校 メモリアルホール

桐織物工場にて

緞帳裏面

西京高校同窓生の皆さんと（龍村美術織物滋賀工場にて）

緞帳《雲の彼方へ》原画　53×153cm

桐織物工場にて

14.　緞帳《雲の彼方へ》

2004年（平成16年）　450×1460cm
京都市立西京高等学校　体育館アリーナ
原画／中井貞次　製作監修／株式会社龍村美術織物　製織／桐織物工場

天と地を繋ぐのは樹木、さらに樹木にかかる雲は果てしなく広がる未知の天空に人を導く。
若人よ夢を抱け。
そして、躍動感溢れる爽やかな空間の中に、健やかな心身を育んでほしい。

西京高校　体育館アリーナ

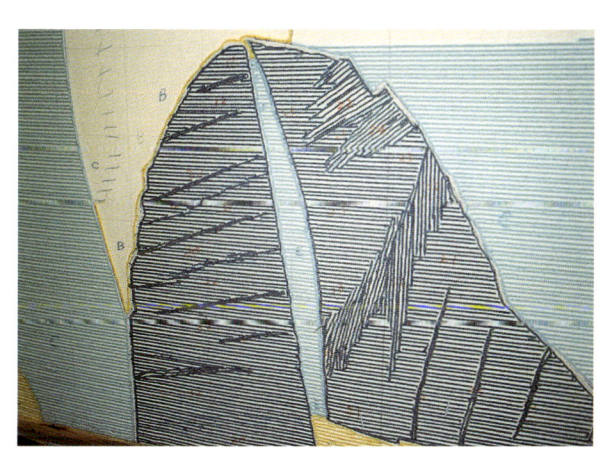

桐織物工場にて

179

15. 樹幹

2008年（平成20年）　小品　麻　額装

樹幹の表情を捉える。

16. 森の口

2011年（平成23年）　小品　麻　額装

口はすべてのものの起点。森の口に立つと
これからはじまる何かに期待感が膨らむ。

17. 桂林遠望

2008年（平成20年）　小品　麻　額装

桂林の景観を俯瞰。

18

18. 雲湧く

2011年（平成23年）　60×100cm　麻　額装
65周年記念京都工芸美術作家協会展

山が雲を湧かすのか、雲が山から湧くのか、渾然一体となって時は流れる。

19. 臘梅

2012年（平成24年）　25×55cm　麻　額装

春一番を告げる臘梅、まさに蠟の色をした透き通った花の色は、色以前の色といえる。

19

写生
Life Sketches

牡丹　1956年(昭和31)年　150×200cm

クロッキー
Croquis

1960年頃

毛筆画
Wash Drawing

若狭湾岸風景

日本海湾岸風景

若狭湾　　　　　　　　　　　　　　　　湾岸風景

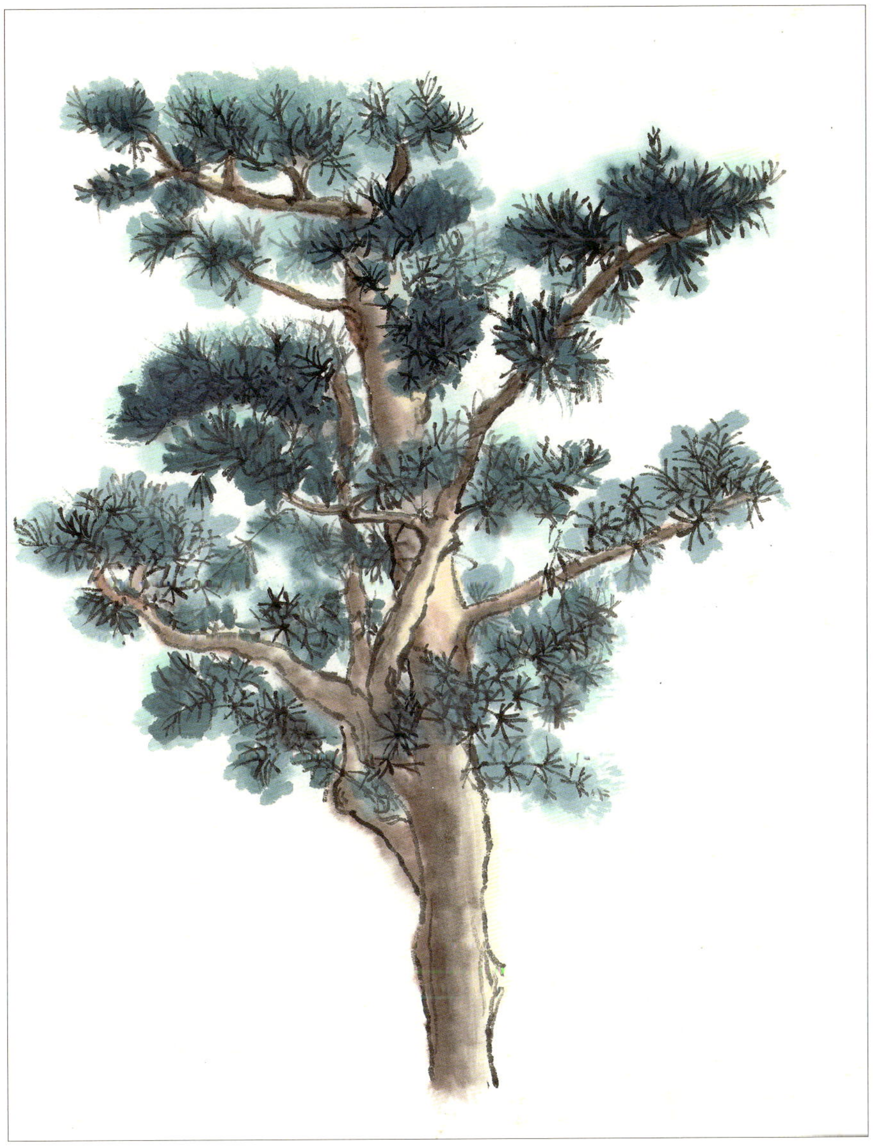

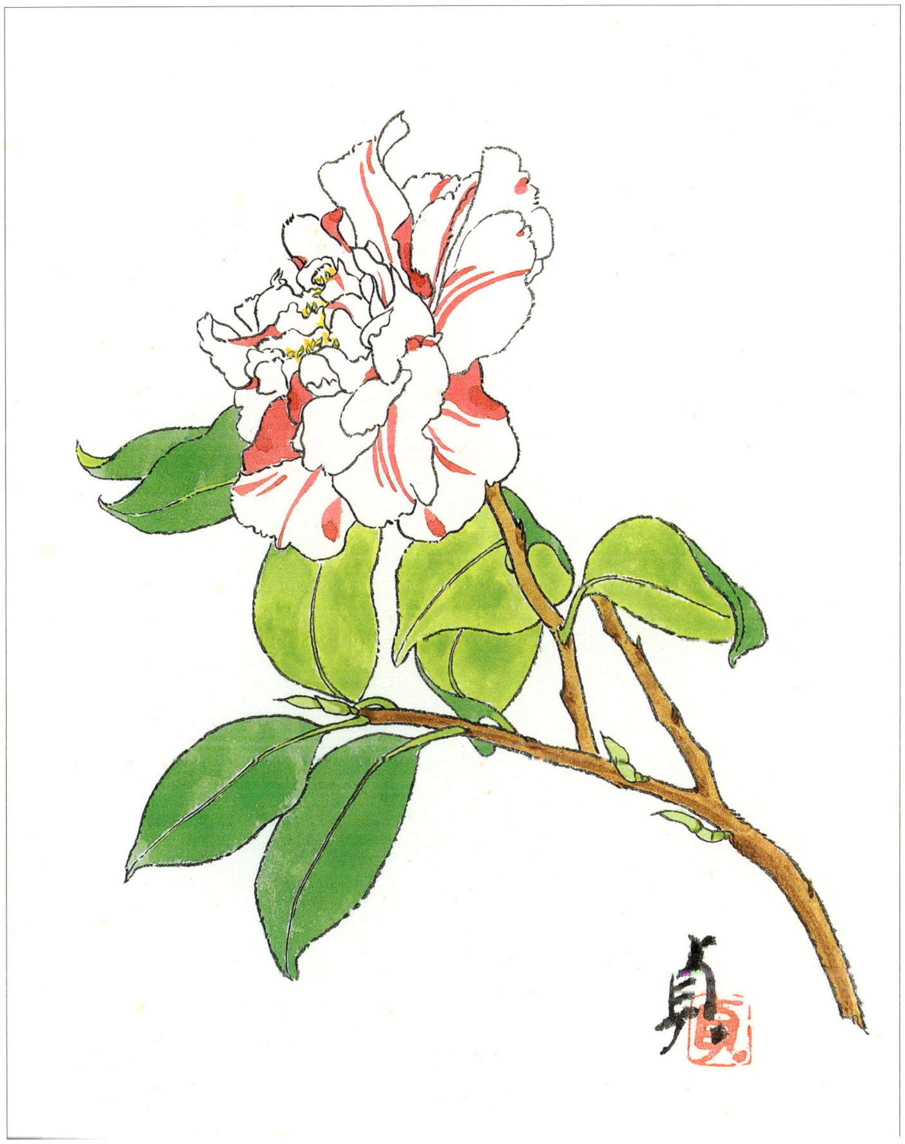

スケッチ
Sketches

三宝柑

賀茂なす

ラ・フランス

マンゴスチン

189

図案
Designs

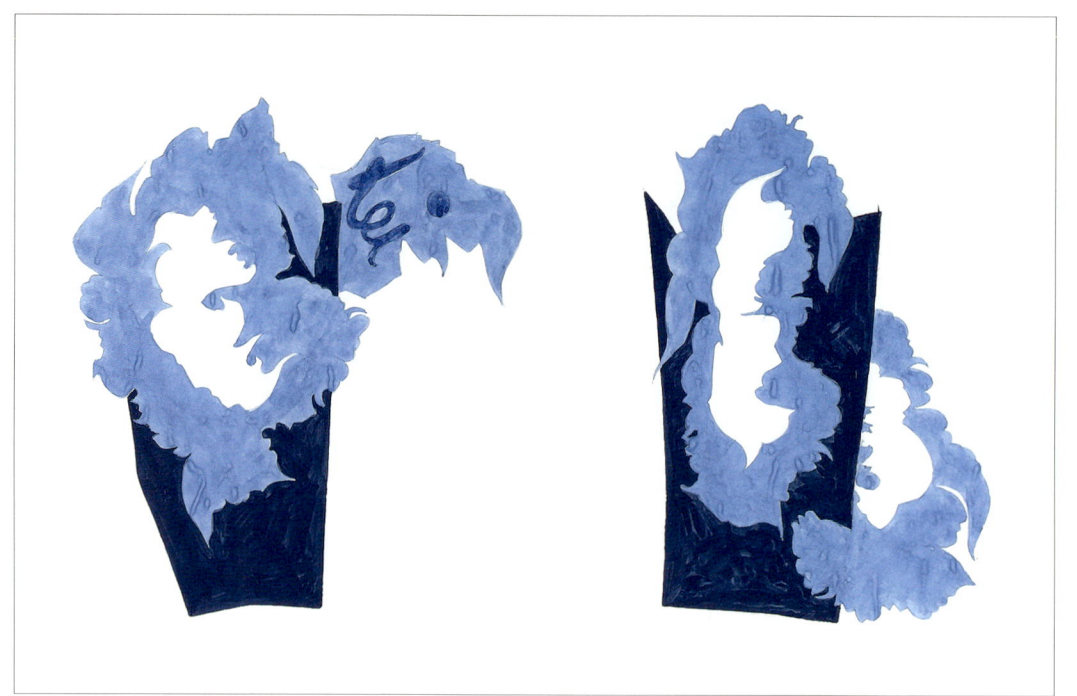

卓上布文

浴衣文

卓上布文

浴衣文

牡丹の譜

仏手柑

牡丹の譜

牡丹の譜

梅文様（陶皿のための）

牡丹の譜

梅文様（陶皿のための）

下絵
Preliminary Sketches

道化の樹（おどけた樹）Ⅰ

道化の樹Ⅱ

浮游　　　　　　　　　　　　　　　　　　集落

ポスター・新聞
Posters・Newspaper Articles

ハイデルベルク大学創立600年祭参加
日本現代染織造形展（ハイデルベルク染織美術館）
1986（昭和61）年

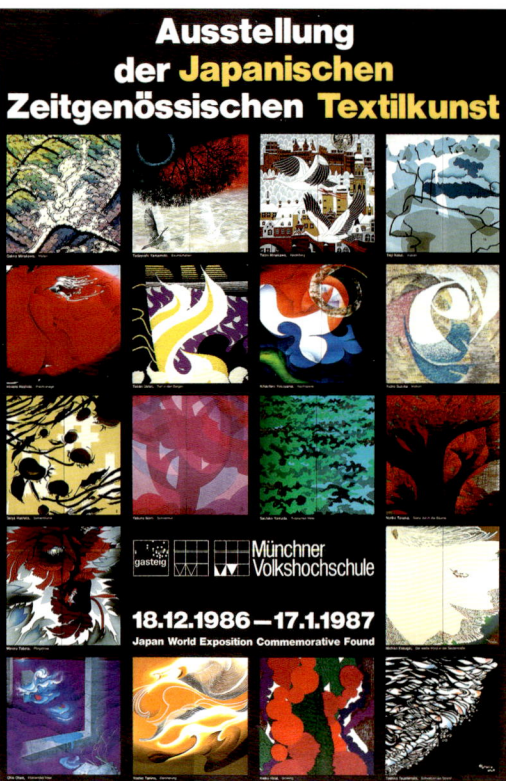

日本現代染織造形展（ミュンヘン市民学校）

日韓現代工芸地平展（宇徳ギャラリー／ソウル）
1997（平成9）年

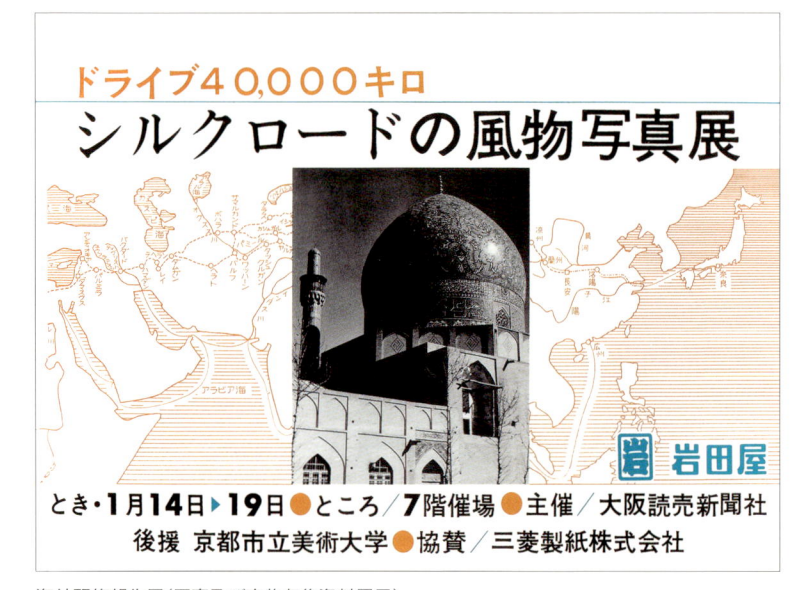

海外研修報告展（写真及び実物収集資料展示）
1964（昭和39）年

デルフィ円形野外劇場跡にて（小山喜平氏と）
1962（昭和37）年

京都新聞　昭和36年1月27日

読売新聞大阪版　昭和36年9月14日

京都新聞　昭和54年12月3日

京都新聞　昭和36年9月13日

50年前の夢と希望。わが国工芸の源泉としてのペルシア、東西文化交流の十字路、その風土の中に工芸とは何ぞやを見届けたい一途。金もなければ地位もない。そこまでしてどうして行くのか。タンカー便乗は地獄で仏。中東戦争前夜とはいえ、高原と砂漠、乾燥の国。ロード情報皆無、怖さ知らずの冒険野郎。

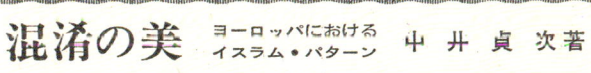

―作品集に想うこと―

中井貞次

Ruminating on One's Work

Teiji Nakai

作品集の出版については、随分前からお話を頂いておりましたが、もう少し年月が経てば何とか得心のいく作品が制作できるのではないか、そんな想いをめぐらせている間に傘寿を迎えるに至り、創作活動を始めてから60年となりました。これを機会に、私の生涯の記録として自分の歩んで来た回路を、自分らしく集大成してみたいという希求もあり、作品集作りとなりました。

　昭和29年(1954)京都市立美術大学工芸科染織専攻を卒業、続いて昭和31年(1956)同専攻科を修了と同時に同学工芸科図案専攻の助手となり、41年間に及ぶ大学における研究と教育の場に身を置き、作品制作に取り組んでまいりました。

　学生時代には、小合友之助、稲垣稔次郎両教授という京都の文化風土が生み出した稀有な染織家にマンツーマンの指導を受けられたことは、何にも代え難い尊いものとなりました。

　そして、大学の研究室では上野伊三郎教授(早稲田大学卒業の建築家でウィーンの建築家ヨーゼフ・ホフマン(Josef Hoffmann)の事務所に勤務。帰国後、日本においてインターナショナル建築会を主宰。ブルーノ・タウト(Bruno Taut)と群馬県工芸指導所で行動を共にし、桂離宮をはじめ飛騨高山の合掌造りなど日本美を紹介)と夫人のフェリス・リッチ(Felice Lizzi)教授(ウィーン工房のスタッフでテキスタイルや七宝の図案、壁紙、壁画、とりわけ服地のプリント図案に感性豊かな異彩を発揮)が定年退任されるまでの10年余り助手を務めました。その間、ウィーンを中心とした世紀末から20世紀初頭にかけてのヨーロッパの建築、美術、工芸、デザインの大きなムーヴメントの実態の数々を身近に享受することができたのは何よりでした。

　また、デザイン科の基幹授業となっていた「色彩構成」(Farbe und Komposition)は、イマジネーションの展開、色と形のコンポジションの習練には、非常に重要なものであることを実感しました。

　考えてみますと、青年期にこのような恵まれた環境のもと、諸先生方を通じ、洋の東西の美術・工芸の本質に触れられたことは、私の以後の作品制作の多大な資となりました。

　そして、41年間にわたる大学教員生活の中で2年間、海外研修のため大学を留守にしました。

　1回目は、50年前の昭和36年(1961)から37年(1962)にかけて大学の在外研究員として、わが国工芸の源泉

であるペルシアを中心に中東諸国の「工芸と風土」について、同学の同僚であった陶磁器専攻の小山喜平氏(こやまきへい)(富本憲吉(とみもとけんきち)、近藤悠三(こんどうゆうぞう)両教授の助手)と共に研究踏査を実現しました。ペルシア湾の奥、イランのコーラムシャール港に日本から車及び研究資材を送り込み、私達は丸善石油のタンカーに便乗させてもらい、海路クウェートに上陸、以後1年近くイランのテヘランに基地を置き、西はギリシャ、東はインドまで、文字通り高原と砂漠、乾燥地帯を4万キロにわたり走破しました。そのルートに東西文化の交流の跡をまざまざと見せつけられ、改めて文化交流の果たす役割の大なることを痛感したものです。また、中東の自然と民族、民族と宗教、宗教と美術の関連の中で、イスラム教を中心とした「工芸と風土」の問題を深く体感できたことは、またとない経験となりました。

あの荒涼たる砂漠空間に屹立するモスクのドーム、ミナレットを覆うモザイクタイル、また、居住空間に敷かれ、飾られたオリエンタル・カーペットには、所謂アラベスクと呼ばれる典型的なパターンが配置されています。もっとも時代、国、地域、宗派によっては唐草模様や幾何学模様などに多少の差異がありますが、その材質を伴った固有の美しさを忘れることはできません。

このフィールドワークを通じて得たイスラム教の世界での体験は、以後の私のものの見方や考え方に大きな変化と幅をもたらしました。

2回目は、昭和49年(1974)から50年(1975)にかけては、文化庁派遣芸術家在外研修員制度(現在は新進芸術家海外研修制度)による研修員に選ばれ、1年間、ヨーロッパ諸国を3万5000キロにわたり走破し、研修を重ねました。

研修の主なる二つのテーマは、かつて踏査したイスラム教美術がヨーロッパ、イベリア半島に上陸し、現在のスペイン南部アンダルシア地方、コルドバを中心にキリスト教美術と出会い混淆をくり返していった混淆様式であるムデハル(Mudejar)、モサラベ(Mosarabe)両様式を建築から手仕事に至るまで、また、著名な芸術家達の作品の中に、その影響を幅広く探究することができました。

一方、私の専門とする染織に関しては、ヨーロッパ諸国の僻地に点在する織物や染物の産地工房、また、陶業地、金属工芸の産地などを見学し、土地と産業、技術と表現の有り様などをつぶさに看取することがで

きました。

　また、現代の国際的な工芸分野の動向を見ても、なお影響を与え続けている19世紀終わりから20世紀初めにかけての、イギリスを中心に展開されたアーツ・アンド・クラフツの運動(Arts & Crafts Movement)など、波状的に起こった数々の様式の遺産が実存する都市空間、建築内部に確然と活き続けている現状を目の当たりにすることができました。

　ヨーロッパ1年間の研修については、僻地に点在するタピスリーやプリントの仕事場を歴訪する途上、いつも出会うのは寂れ果てたロマネスクの礼拝堂でした。そこで建築と内部のフレスコ画の素朴な美しさに魅了され、その虜となりました。そんなことで帰国後、3巻の著作『混淆の美(ヨーロッパにおけるイスラム・パターン)』、『ロマネスクの美』、『タピスリーの美』を纏めることができました。それは、「生活の中の色と形」ヨーロッパ篇として、昭和54年(1979)に淡交社より上梓いたしました。

　上述の海外研修の経験を通じ、もの造りとして作品を制作する上で最も重要視すべきものは何であるか、そこに考えられることは、ものの見方、ものの捉え方、ものの創り方のすべてが、そのバックボーンとなる風土にかかっているということです。

　わが国は、世界に類のない恵まれた自然風土を持っています。その土壌に培われた伝統的な固有の美術工芸があります。このことを想うとき、まさに、伝統から創造への道を歩むこと、これこそ私達が制作上の基軸とすべきものと考えるのです。つまり、わが国工芸の拠って立つところの風土、その風土に軸足を置き現代の工芸は創作されるべきでしょう。

　わが国の自然風景に観照される主なる色彩はまさに藍色です。それが湿順な水性風景を醸し出しているのではないでしょうか。

　とくに京都のように東は比叡山、西は愛宕山、北は北山に囲まれた盆地にあっては、その藍色の顕著な光景は日没の頃に象徴されます。夕陽を背負い暮れ行く愛宕の山脈(やまなみ)は、まさに藍色の襲(かさね)、諸調そのもので、同系色の微妙なグラデーションは、わが国特有の色彩と言えます。かつて中東の高原と砂漠に覆われた乾燥地

帯を目の当たりにした者にとっては、なおさら山紫水明に映るのです。

　私は、その藍色にこだわり作品造りを続けてきました。阿波藍（徳島県産）の葉に含まれているインディゴの色素を発酵させた蒅の染液に布を浸し、酸化、還元を繰り返し藍色をより濃く発色させます。とくに、寒の水に浸しながら染めた藍は、鮮烈極まりない藍色を呈します。

　その藍にとりつかれて60年、私の日展初入選が昭和28年（1953）《愛宕の暮色》という作品です。この作品はまさしく藍色から紫色への推移を、愛宕山をモティーフに染色した初陣の作です。

　このように藍色を主調色とし、その藍に他の植物染料をかけ合わせ、緑色や紫色の色彩を創り出すのが私の染色法で、そこに同系色による極意を見出したいわけです。

　常々、藍を自分の藍色にすることが最も重要なことだと思っています。藍は、誰が建てても藍色となります。その藍色に個性を持たせることは、偏に、藍の濃度調整、濃淡の運用の妙に尽きると思います。藍色の濃淡を組み合わせ、他の色彩との対比、調和を効果たらしめるにはどうすればいいのか。

　寒の水に晒された藍染の麻布の縹色は、まさに色彩の権化で、しかも、いかようにも変色し得る色彩の余裕を持っています。これこそ、わが国の染織工芸史を貫く日本の色なのです。

　藍染の醍醐味は、発色の瞬間にあります。私が染める、染まったという作品にこだわるのは、いずれにしても、布の表面のみを染めるのではなく、浸染法により繊維の芯々まで染色することにあるのです。そこに他に例を見ない色彩の透明感を得ることができます。日本の染色作品については、欧米の人達はサーフェス・デザインという言葉を当てているようですが、いささか気になる表現だと思っています。考えてみれば、日本の染色については比類なき奥深い伝統があるのですから。

　そこで私は蠟染において直接形を描き出す蠟筆について触れたいのです。

　蠟染といえば、世界的に周知されているのがインドネシア更紗に代表されるバティック（Batik）です。バティックの場合、チャンチンによる垂らし描きやチャップ（金型）によるスタンプを使います。また、中国雲南省の苗族の間では蠟刀という製図用の烏口にも似たものを使って線描きを中心にパターンを描きます。

　これらに対し日本では蠟筆を使います。その点、毛筆に対する運筆力が重要な役割を果たします。そこで

基本的には筆を通じて物を表出し得る力を備えなければなりません。これは筆を使って絵を描く以外には会得の方法はないのです。そのようなことを思うと、学生時代に手解きを受けた毛筆画の実技がいかに大切であったかを、今さらながら痛感するわけです。
　本来的に顔料には白色があっても、染料には白色はないのです。つまり、顔料には胡粉に代表される白色があり、そこには粒子があるが故に不透明となります。しからば、染色で白色をどうして確保するかと言えば、生地白を利用するわけです。それを白色として生地白のまま防染を施し、染色工程の最後まで持ちこたえる（白あげという）のですが、私は、この生地白を作品の表現の中でどう活かすかを絶えず考えているのです。
　また、胡粉を使って部分的により白くという伝統的な技法もあり、これを否定するものではありませんが、何かにこだわることにより、そこに染色独特の色彩が顕現されるのではないでしょうか。
　このことは、すべての工芸制作に共通するところで、何かにこだわり自らに枷をかけ、これを表現上、最大限に効果たらしめることにより、他分野では表現できない独自の世界を獲得するのです。

　工芸には大前提として素材が存在します。その素材を独自の技術を駆使しながら、創り手の内部にあるイメージの世界を実体化するものです。そして、結果的には素材がどれだけ作品に活かされているか、作品の良し悪しはそこに現れるのです。即ち、作品を見て技術だけが目立つものは決していいものとは言えません。思い出すのは小合友之助先生の言葉、「誰にでもできる技術で、誰にもできない表現を」ということです。つまり、技術より大切なものは何か、また、最終的には、技術を駆使するものは何かを制作を通じ会得することです。
　染色作品の表現は、同じ平面的な絵画における表現とは異なるのは当然で、染色でしか表現し得ない世界があるはずです。素材を前提とした染色の技術による表現効果を考えるとき、そこに自ら文様化というある種の抽象表現が必須となるわけです。そして、徹底した平面的な表現の中では、水平線を外し、文様化による表現のおもしろさを抽き出すのです。
　そこで、染色表現の中では形よりも色彩という考え方もありますが、一方、形がいかに重要かということ

です。染色文様の歴史を見ても、時代背景、技術の変遷による表現の多様化にその形が重要な役割を担い、文様の素晴らしさを印象づけていることに気付かずにはおられません。

「芸術はイメージの創造である」といいますが、まさに、私は一作一作ごとに新しいイメージの創造を目指し制作を続けるよう、心掛けています。

20世紀後半からの地球上の大問題は、ハイテクがもたらした自然に対する環境破壊です。従って、私の作品制作のテーマもエコロジーに傾斜し、森林を様々な局面(生命力、エネルギー、循環、再生など)から捉えてみることとなりました。そして、2011年3月11日の東日本を襲った未曽有の大震災には、魂胆を揺さぶられるものがありました。自然のもつもう一つの凄さを見せつけられ、呆然としたものです。自失の中に人間にとって自然とは何かということを問い直しながら、さらなるイメージの展開に挑まなりればなりません。

この作品集の上梓は、私にとっては大変面映ゆいことですが、これを契機として、私は私なりに新たなる染色作品の開拓に向かって、なお一層の研鑽努力を積み、生涯、次作に私の代表作を求め続けたいと思うのです。

I would like to take this opportunity to gather my life's work and records of my career and make an anthology.

In 1954, I graduated from Kyoto City College of Fine Arts, majoring in the Department of Textiles, and in 1956, I became an assistant in Department of Crafts Design Course. Since then, for 41 years, I have dedicated myself to research and study. During my student years, I worked in close contact with Professor Tomonosuke Ogou and Professor Toshijiro Inagaki, both textile specialists who cultivated Kyoto's rich culture—still an irreplaceable memory.

For ten years, I worked at the university lab as an assistant to Professor Isaburo Ueno and his wife, Professor Felice Lizzi, until their retirement. After graduating from Waseda University, Professor Ueno worked with Josef Hoffman (an architect from Vienna). After returning to Japan, Professor Ueno established the International Architecture Society and worked with Bruno Taut at the Gunma Prefectural Arts and Crafts Training Center, and introduced the Japanese aesthetic of Gassyo-style housing in Hida, Gifu Prefecture, and Katsura Rikyu Imperial Villa, to the world. Professor Felice Lizzi, while on the staff at the Vienna Workshop (Wiener Werkstätte), displayed emotional and conspicuous colors when designing textiles as well as cloisonné enamel, wallpaper, wall painting and especially printed designs.

During my time with Prof. Ueno and Prof. Felice Lizzi, I was able to appreciate the various art movements of the late nineteenth- and early twentieth-century European architecture, arts, crafts, and design centered in Vienna. I also realized the importance of the development of imagination and the training of the composition of colors and form as proscribed in the "Farbe und Komposition"—a required subject in the design curriculum. Immersion in this rich environment and meeting these splendid teachers who taught the essence of arts and crafts of the East and West, certainly influenced the quality of my work in years to come.

In my 41 years of university teaching, I spent two years (1961-2) in overseas training—that was 50 years ago. With my colleague at Kyoto City College of Fine Arts, ceramics major Kihei Koyama conducted investigations on the crafts and cultural climates of Persian-centered Middle East countries considered to be the origin of Japanese crafts. At the inner part of the Persian Gulf, shipping cars and research materials from Japan to Iran's Port of Kohrramshahr, hitching a ride on the tanker of Maruzen Oil, I arrived in Kuwait. Since then I've base myself in Tehran in Iran for a year. I then traveled forty thousand kilometers east to Greece and west to India through deserts and arid regions. I saw many ruins of the roots of Eastern and Western historically important cultural exchange and once again felt the significance of the role of international cultural relations in between. It was an unforgettable experience to explore the issues of Islamic crafts and culture as well as the relations between religion and people, and religion and arts, within a Middle Eastern context.

The domes of a mosque, which stand in a desolated desert or the mosaic tiles that cover minarets, or even the Oriental carpets that decorated residential spaces—these images are constructed in the traditional pattern called arabesque, geometric patterns which differ slightly depending on era, country, region, and school of religion. Nevertheless, even after many years, I cannot forget this ethnical beauty. My fieldwork experience in connection to the Islamic world changed my perspective and thinking greatly.

Subsequently (1974-5), I was chosen as a trainee with the Japanese Government Overseas Study Program for Artists provided by the Japanese Agency of Cultural Affairs (currently the Program of Overseas Study for Upcoming Artists) to research for one year which involved traveling thirty-five thousand kilometers across Europe. My research consisted of two themes: the Islamic arts, which I had researched in my previous trip, had disembarked on Iberian Peninsula in Europe and, secondly, the Christian influence in the current location of Cordova, the South Andalusia region in Spain within the form of architecture through handcrafts, (Mudejar style and Mosarabe style). I was also able to research a wide range of works and how influenced these mixtures of styles effected on famous artists. In relation to my field of textiles, by locating local weaving and dyeing workshops scattered across remote places in Europe as well as visiting ceramic manufacturers and metal craft producing regions, I could observe the industrialized land and expression of technology first hand.

All in all, I could witness the active heritage of European art, as if by waves of various designs, which exists in urban spaces and interiors, for example the Arts and Crafts Movement which started in England from the mid-nineteenth century to the beginning of the twentieth century, which still greatly influences the current international arts and crafts scene.

During my one-year research tour, I visited the tapestry and printing workshops, I always came across a deserted Romanesque chapel. I was deeply attracted and fascinated by the architectural beauty and the materials of the fresco paintings inside. I was eventually able to complete three volumes—*Amalgamate Beauty* (Islamic patterns in Europe), *Beauty of Romanesque*, and *Beauty of Tapestry*—published by Tankosha in 1979 as part its "Colors and Form in Life – Europe" series.

Through my overseas experience, I came to understand that the most important thing for art is the cultural climate, the foundation of any region. One should always consider the cultural perspective.
Japan has an unprecedented natural culture. Traditional arts and craft have been cultivated within nature, and I feel that each generation should continue this tradition.

The main color contemplated in natural scenery is perhaps indigo blue, a color that enhances, I believe, Kyoto's misty scenery. Kyoto, for example, is located in a basin surrounded by mountains, such as Mt. Hiei in the east, Mt. Atago in the west, and Kitayama region in the north. The mountains of Mt. Atago with the setting sun in the background present layers of indigo blue and euphony. The delicacy of gradation of similar colors is the brilliance of our country. Once having seen the high plains and desert covering the arid regions of the Middle East before my eyes, it looks all the more like a scenic place.

I have paid particular attention to this *ai* indigo blue throughout my work. The procedure involves immersing cloth in a dye bath made from *sukumo*, fermented indigo leaves *ai* grow in Tokushima Prefecture.

Through reduction and oxidation, the cloth gains a deep indigo blue. (Incidentally, immersing the indigo blue dyed cloth in cold water in mid-winter results in a truly vivid impression of indigo blue.)

I have been obsessed with this *ai* indigo blue for 60 years. My first piece selected for NITTEN (The Japan Fine Arts Exhibition) in 1953 was "Gathering Dusk, Atago Mountain." This was my first dyeing production and depicted Mt. Atago's transition from indigo blue to purple.

I feature indigo blue as a dominant color and subsequently mix that indigo with other plant dyes to create secondary colors such as green and purple. I use a special my method that I initiated into the art of dyeing.

I think it is important to make my own *ai* indigo blue. Indigo blue is indigo blue no matter who makes it, however, I feel it is essential to create one's own personality through *ai* and always control the density of the indigo and create various tones and shades. To mix the tones and shades, contrasting them to other colors, creates an effective match in harmony then one can make one's own *ai*.

The light blue-*hanada* of ramie exposed to the midwinter waters is surely the avatar of colors and yet it can metamorphose into any color. A long history of dyeing in Japan lead to this special Japanese blue.

The real pleasure of dyeing indigo blue is the moment of the color emerges. The reason I am careful in particular about dyeing my work is that I am not only dyeing the surface of the cloth, but also dyeing to the very core of the fabric using the immersion method. Through this process, I achieve a transparency unlike any other. For this reason it might not be right to describe Japanese dyeing as surface-design.

Rozome, on the other hand, is a process in which brushing on a wax resist relates directly to the expressive form. Wax-resist dyeing, such as Indonesian batik cotton print is widely known in the world. Batik is either hand-drawn, using a canting to apply the wax or stamped using a block. The Miao people in Yunnan Province in China use a wax knife, similar to a ruling pen for mainly line drawing of patterns. In contrast, in Japan, a brush is used to apply the wax and, in this sense, an artist's brush stroke plays an important role in the work. Fundamentally, the stroke of the brush needs to express the power of the object. This is a method that only an artist, by drawing with a brush, can obtain. Recalling my student years where I learned the basics of wax drawing, I now realize how important that experience was for me.

Inherently, there are white pigments but no white dyes. The white pigments, such as gesso, have particles that produce opacity. In dyeing, however, white is made by retaining the original white of the fabric. Resist-dyeing on white fabric, and preserving its whiteness until the very end of the dyeing process, is called *shiroage*. I am continuously pondering how to express and give life to the original white of a fabric in my work. Although there is a traditional method of using gesso to enhance the white (and I am not against this) by sticking to my method I can bring out colors unique to dyeing.

Finding and applying one's own method is common in all arts and crafts and having determination and creating a maximum effect on one's expression is gaining a unique world-view that no other fields can express.

The major premise of arts and crafts is the materials, with which the creator then builds the inner image by using those materials. Then, consequently, it will become apparent how the materials give life to the work. Therefore, a work of art cannot be good if only the technique stands out. I remember Prof. Ogou telling me to use a technique that anyone can use, but to express myself as an individual. I understood this to mean that, in art, aesthetics is more important than technique, and one must discover what makes one's own art work unique by using skillful command of technique.

Expressing art through dyeing is very different from painting in that a painter uses a flat surface; I believe dyeing artists express their own world. When thinking about the effect of expression through the techniques of dyeing, creating an abstract expression with unique patterns is essential. One can bring out the expressive joy of patterned design within a complete flat expression while eliminating horizontal lines. Likewise, with dyeing, it is traditionally thought that color is more important than shapes. On the other hand, I feel shapes are more important. When looking at the history of dyeing patterns, I must note the significance of impression and historical background that superb patterns possess and change the various techniques to express patterns through shapes.

It is said that art is a creation of imagination. I always keep these words in mind when I'm working on my production that each of my works is a creation of a new imagination. The global issues of the mid-twentieth century, caused by high technology, have lead to destruction of the environment. At this time I am inclined towards ecological themes and various views and situations of the forests (life, energy, rebirth, revolution). There was the shock of seeing the other side of nature's extreme powers when witnessing the effects of the disastrous earthquake of eastern Japan in 2011. Within a stunned mind, we have to question what is nature, and the challenge to develop new images.

I would like to continue pursuing my career and to devote myself to cultivating an individual style of dyeing arts to accomplish my goals.

年譜

目錄

年譜

西暦（和暦）	年齢	月日	事項
1932（昭和7）年		1月4日	中井宗三郎・俊の次男として、京都市北区大将軍鷹司町に生まれる 第250世中山玄秀天台座主より、貞次の名前を頂く。中井家の先祖は代々比叡山延暦寺とは深い関係があり、祖父も三院別当、法橋を授かる 父は慶應義塾大学を卒業し、三菱銀行に勤務 母は滋賀県東近江市五個荘の古刹石馬寺（臨済宗妙心寺派）の住職山田舜譲の長女
1935（昭和10）年	3歳		大阪府吹田市砂子町に転居
1938（昭和13）年	6歳	4月	吹田第一尋常小学校入学
1944（昭和19）年	12歳	4月 12月	大阪府立茨木中学校入学 京都府立第五中学校へ転校 戦争激化し、父が三菱銀行より三菱重工業太秦工場に徴用となり、京都市右京区太秦に転居
1945（昭和20）年	13歳		戦時中は農業動員で西京区の農村へ
1946（昭和21）年	14歳	4月	京都府立第五中学校が校名を改め京都市立桂中学校となる
1947（昭和22）年	15歳	4月	京都市立桂高等学校入学し、京都市立山城高等学校と二部制授業
1948（昭和23）年	16歳	4月	新制高校学区制、男女共学制が施行され、京都市立西京高等学校に編入
1950（昭和25）年	18歳	3月 4月	京都市立西京高等学校卒業 京都市立美術大学工芸科入学
1953（昭和28）年	21歳	4月 10月	第5回京展に《眠れる森》を初出品、初入選する 第9回日展に《愛宕の暮色》を初出品、初入選する
1954（昭和29）年	22歳	3月 4月 10月	京都市立美術大学工芸科染織専攻卒業　卒業制作《牡丹の図》 京都市立美術大学工芸科染織専攻　専攻科入学 第10回日展に《雙ヶ岡》を出品、入選する
1955（昭和30）年	23歳	4月 10月	第7回京展に《芳岳雪景》を出品、入選する 第11回日展に《廚繝風景》を出品、入選する
1956（昭和31）年	24歳	3月 5月 5月	京都市立美術大学工芸科染織専攻専攻科修了　修了制作《愛宕の暮色》買上賞 京都市立美術大学工芸科図案専攻上野伊三郎教授、Felice-Lizzi（フェリス リッチ）教授の助手となる 第8回京展に《登高》を出品、入選する
1957（昭和32）年	25歳	5月 10月	第9回京展に《裸婦》を出品、入選する 第13回日展に《海浜》を出品、入選する
1958（昭和33）年	26歳	5月	第10回京展に《赤土風景》を出品、入選する
1959（昭和34）年	27歳	5月 11月	第11回京展に《逆光》を出品、京都美術振興会賞を受賞する 第2回新日展に《藍の季節》を出品、入選する

京都市立美術大学卒業式送辞（1953年）

小合友之助、稲垣稔次郎両教授を囲んで京都市立美術大学工芸科学生一同（1953年）

小合友之助教授と京都市立美術大学染織専攻学生　胡麻ダリヤ園写生（1958年）

井島勉、木村重信両先生を囲んで京都市立美術大学専攻科生による24丁会（1958年頃）

1960(昭和35)年	28歳	5月	第12回京展に《青嵐》を出品、入選する
		11月	第3回新日展に《山陰の山》を出品、入選する
1961(昭和36)年	29歳	1月	京都市立美術大学在外研究員として中東諸国、ギリシア、インドへの美術工芸研修を小山喜平氏(工芸科陶磁器専攻助手)と共に計画準備、関係各機関に後援を依頼、資金及び実物提供を受ける
		5月	第13回京展に《磯》を出品、入選する
		6月	現代工芸美術家協会創立総会が東京椿山荘において開催される(山崎覚太郎委員長)
		7月	研究資材及び車両一台はイランのコーラムシャール港に輸送、二人は丸善石油のタンカー(3万2000トン)に便乗、ペルシア湾のミナ・アル・アマディ港(クウェート)に上陸
1962(昭和37)年	30歳		イランのコーラムシャール港において荷受け、以後テヘランを基地として、西はギリシア、東はインドまで高原と砂漠、乾燥地帯を4万キロにわたり走破、数々の研修成果を修める
			シルクロードの研修踏査の最終地はインドのカルカッタとなり、車及び研究資材、美術工芸収集資料は貨客船に搭載、ラングーン、シンガポール、香港を経て横浜港に帰国
		11月	中東諸国・ギリシア・インド研究踏査収集、美術工芸参考品展示展覧する(京都市立美術大学陳列館)
			〈展示品〉 ペルシア先史土器、イスラム陶器、カーペット類、コスチューム類(遊牧民との物々交換)、刺繍品、民芸品、その他、大型モノクロ記念写真及びカラー写真数点
1963(昭和38)年	31歳	3月	大学に定年制が施行され上野伊三郎、Felice-Lizzi、小合友之助教授他退任する
		4月	京都市立美術大学講師に昇任
		5月	第15回京展に《土住居》を出品、入選する
		9月	ドライブ40,000キロ シルクロードの生活と美術展(大丸京都店) 読売新聞社主催 以後、阪急百貨店(大阪) 岩田屋(福岡)他に巡回する
			超大型写真 モノクロ写真150枚 カラー写真30枚 民族実物資料等 多数展示
			『京都美大研究紀要』(1962～63(9))に―ササンの脚音―(TAQ―1―BUSTAN)掲載
1964(昭和39)年	32歳	4月	第16回京展に《オリエント》を出品、産経新聞社賞を受賞する
		5月	第3回日本現代工芸美術展に《風韻》を出品、入選する
		11月	丹羽憲一(同志社大学教授)・静子の三女紀美子と結婚
1965(昭和40)年	33歳	4月	第17回京展に《遊牧》を出品、入選する
		5月	第4回日本現代工芸美術展に《遊牧》を出品、入選する
		8月	長女博子誕生
		11月	第8回新日展に《蜃気楼》を出品、入選する
1966(昭和41)年	34歳	4月	第18回京展に《チャペル》を出品、入選する
		5月	第5回日本現代工芸美術展に《フォルム》を出品、入選する
		9月	右京区太秦より西京区御陵谷町17に転居
1967(昭和42)年	35歳	4月	第19回京展に《岩洞の聖堂》を出品、市長賞を受賞する
		11月	第10回新日展に《文流》を出品、入選する

中東諸国研究踏査 小山喜平氏と(1961年)

京都市立美術大学工芸家図案専攻 上野伊三郎、リッチ両教授と図案専攻研究室スタッフ(1962年)

中東諸国美術工芸研究踏査報告会(1965年頃)

1968(昭和43)年	36歳	4月	第7回日本現代工芸美術展に《或る風景》を出品、入選する
		5月	第20回京展に《雲行》を依嘱出品する
		11月	第11回新日展に《聖なる空間》を出品、入選する
		12月	次女睦子誕生
1969(昭和44)年	37歳	4月	京都市立芸術大学講師(大学は新たに音楽学部を増設のため大学名変更)
		4月	第8回日本現代工芸美術展に《藍の空間》を出品、現代工芸賞を受賞する
		5月	第21回京展に《ENTRANCE》を出品、京展賞を受賞する
		11月	第1回改組日展に《集積》を出品、特選・北斗賞を受賞する
1970(昭和45)年	38歳	2月	第23回京都美術懇話会展に《樋》を出品する
		5月	万博記念第22回京展で審査員を務め《樋》を出品する
		7月	現代工芸実験展に《雲行》を出品する。京都市美術館会場構成担当
		11月	第2回日展に《推移》を無鑑査出品する
1971(昭和46)年	39歳	1月	第24回京都美術懇話会展に《連理》を出品する
		4月	京都市立芸術大学助教授に就任
		4月	第10回記念日本現代工芸美術展に《大樹》を出品する
		5月	第23回京展に《五月》を依嘱出品する
		11月	第3回日展に《双幹》を出品、入選する
1972(昭和47)年	40歳	4月	第11回日本現代工芸美術展に《うごめき》を出品する
		5月	第24回京展に《朧》を依嘱出品する
		11月	第4回日展に《中東の遺構》を出品、入選する
1973(昭和48)年	41歳	2月	第26回京都美術懇話会展に《雲》を出品する
		4月	第25回京展に《吹き抜けた雲》を依嘱出品する
		4月	第12回日本現代工芸美術展に《五月》を出品する
		6月	台北故宮博物院及び台湾各地の美術工芸研修(台北、花蓮、高雄、台南、台中他)
		11月	第5回日展に《民族の譜》を出品、入選する
1974(昭和49)年	42歳	2月	第27回京都美術懇話会展に《オリエント》を出品する
		2月	第27回京都工芸美術展に《累積》を出品、京都府買上となる
		4月	第26回京展に《WAVE '74》を依嘱出品する
		4月	第13回日本現代工芸美術展に《ENDLESS '74》を出品する
		10月	文化庁49年度派遣芸術家在外研修員に選ばれ、1年間ヨーロッパ諸国の美術工芸デザイン研修のため渡欧
		11月	第6回日展に《瞑想》を出品、入選する
1975(昭和50)年	43歳		ヨーロッパ1年間の主なる研修国をイタリア、スペイン、フランス、イギリスに定め、染織の産地工房が僻地に点在していることからミラノに拠点を置き、フィアット127を調達、1年間3万5000キロに及ぶ研究調査を実施、研修国より3カ月間毎の研修報告書を文化庁に送る
1976(昭和51)年	44歳	3月	第15回記念日本現代工芸美術展に《イマージュ》を出品する
		5月	第28回京展で審査員を務め《イマージュ・A》を出品する
		11月	第8回日展に《基》を出品、入選する

「ルーベンスの家」前で(アントワープ)(1975年)

マウリツホイス美術館前で(1975年)

			ヨーロッパ研修報告を大学で十数回にわたり講演(スライド使用)
1977(昭和52)年	45歳	4月	京都市立芸術大学教授に昇任
		5月	第29回京展に《アンダルシアの想い出》を出品する
		11月	第9回日展に《間の実在》を出品、特選を受賞する
1978(昭和53)年	46歳	3月	第17回日本現代工芸美術展に《アンダルシアの風景》を出品する
		5月	第30回京展に《回想》を出品する
		5月	現代工芸美術家協会は大量の退会者を出す　現代工芸京都会は解散し、直に現代工芸近畿会を再発足する
		7月	鹿児島大学教育学部美術科非常勤講師　夏期集中講義(染色と工芸)(〜'99)
		10月	個展に《樹海》(23枚のパネルの組み合わせ240×1700cm)、《樹》(二曲屏風)を出品する(朝日画廊)
		11月	第10回日展に《佇まい》を無鑑査出品する
1979(昭和54)年	47歳	3月	第18回日本現代工芸美術展で審査員を務め《カタルニアの月》を出品される
		9月	日本現代染織造形協会創立(現代工芸美術家協会の染織部門会員を中心とした作家団体) 　理事長　皆川月華　顧問　岡田 讓、上村六郎、吉田光邦 　理事　皆川泰蔵、中村光哉、広川青五、中井貞次　他35名
		11月	第11回日展に《月あかり》を依嘱出品する
			生活の中の色と形：ヨーロッパ篇3巻『混沌の美—ヨーロッパにおけるイスラムパターン—』『ロマネスクの美』『タピスリーの美』を淡交社より出版する
1980(昭和55)年	48歳	1月	京都現代美術・工芸作家展(京都府立文化芸術会館10周年記念)に出品される
		3月	第19回日本現代工芸美術展に《白い街》を出品する
		5月	第32回京展に《惜春》を依嘱出品する
		7月	「今日の染織造形展」に出品する(じゅらく染織資料館)
		8月	染と織—現代の動向—(群馬県立近代美術館企画)に出品される
		11月	第12回日展に《火山景》を依嘱出品する
		11月	東京藝術大学美術学部非常勤講師美術教育課程大学院生対象講義「イスラム教美術の特殊性」(〜'85)
1981(昭和56)年	49歳	3月	「ろう染の源流と現代」に招待出品する(東京サントリー美術館)
		3月	第20回日本現代工芸美術展に《噴煙》を出品する
		4月	現代工芸美術20周年記念展に出品する(東京セントラル美術館)
		5月	染色展—京都を中心とした戦後の染色—に出品される(大津西武百貨店西武ホール)
		10月	朝日アートセミナー　講演「ペルシアの染織」(朝日アートセンター企画)
		11月	第13回日展で審査員を務め《火山回想》を出品する
1982(昭和57)年	50歳	3月	第21回日本現代工芸美術展で審査員を務め《噴煙浮上》を出品する
		4月	京都市立芸術大学学生部長に就任
		5月	日展会員に就任
		10月	第14回日展に《火山去来》を出品する
		11月	第33回大津市美術展覧会で審査員を務める
1983(昭和58)年	51歳	3月	第22回日本現代工芸美術展に《活火山景》を出品する

生活の中の色と形：ヨーロッパ篇3巻パンフレット

		3月	現代工芸美術家協会常務理事に就任
		5月	'83朝日現代クラフト展に招待出品する
		5月	第35回京展で審査員を務め《追憶》を出品する
		9月	現代日本の工芸―その歩みと展開―(福井県立美術館特別企画展)に出品される
		10月	第15回日展で審査員を務め《三角形のテキスト》を出品する
			京都の染・現代作家12人展(京都市美術館企画)
1984(昭和59)年	52歳	1月	第1回日本現代染織造形展に《くらげ(群游)》を出品する(京都文化芸術会館)
		3月	第23回日本現代工芸美術展に《浮游》を出品する
		4月	民族芸術学会が発足し会員となる
		11月	京都市ゴールデン・エイジ・アカデミー特設講座「染織文様にみる近代化」講演(京都市社会教育総合センター)
		11月	第16回日展に《突然の女》を出品する
1985(昭和60)年	53歳	3月	第24回日本現代工芸美術展に《明日を待つ女》を出品する
		11月	第17回日展で審査員を務め《火山夏を噴く》を出品する
1986(昭和61)年	54歳	2月	日本現代染織造形展(ハイデルベルク染織美術館)ハイデルベルク大学創立600年祭記念〝日本文化フェスティバル〟開会式に参列(ハイデルベルク大学旧講堂)
		3月	第25回日本現代工芸美術展に《西独・冬の旅》を出品する
		5月	日展評議員に就任
		6月	日独合同染織展(Voll Stoff)カッセル総合大学(プロダクトデザイン科テキスタイル・プロジェクト)エル・アタール教授の招請によりスライド講演会を開く(大学附属K18ホール) 以後、シュトゥットガルト美術工芸局、ミュンヘン・ガスタイクにおいて巡回展開催
		10月	第18回日展に《アラスカ・アラベスク》を出品する
1987(昭和62)年	55歳	3月	第26回日本現代工芸美術展で審査員を務め《メルヘン街道》を出品する
		4月	西独巡回帰朝、日本現代染織造形展開催(京都府立総合資料館)
		7月	'87美術選抜展に《火山夏を噴く》を出品する
		10月	京都市立芸術大学美術学部デザイン科テキスタイル・プロジェクトゼミ旅行韓国各地美術工芸研修
		11月	第19回日展に《日蝕》を出品する
1988(昭和63)年	56歳	3月	第27回日本現代工芸美術展で審査員を務め《白夜》を出品する
		5月	あいん美術工芸展に《アラスカの山海》を出品する
		5月	現代京都の美術工芸展に('88京都文化博物館開館記念)《凍れる河》が出品される
		5月	第40回京展で審査員を務め《凍れる河》を出品する
		6月	伊雑宮(三重県磯部町)御田植祭の法被を制作
		11月	第20回日展で審査員を務め《祈りの空間》を出品する
1989(平成元)年	57歳	3月	第28回日本現代工芸美術展で審査員を務め《熔岸海岸》を出品する
		11月	第21回日展に《堂内》を出品する
1990(平成2)年	58歳	3月	第29回日本現代工芸美術展で審査員を務め《木魂》を出品する
		4月	―染の創作―小合友之助・稲垣稔次郎展 作品解説に当たる(京都文化博物館)

日本現代染織造形展(ハイデルベルク染織美術館)(1986年)

日独合同染織展(Voll Stoff)(カッセル総合大学K18ホール)
エル・アタール教授、橋田青矢、山本唯与志氏と共に(1986年)

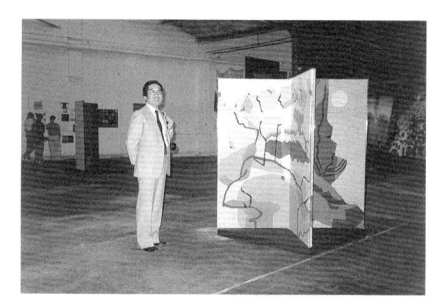

日独合同染織展(Voll Stoff)(カッセル総合大学K18ホール)(1986年)

京都市立芸術大学美術学部デザイン科テキスタイル・プロジェクト韓国ゼミ旅行
大森翠、滝口洋子両講師、学生と(1987年)

		4月	国際花と緑の博覧会の花もよう展に《牡丹階段》を出品する
		11月	第22回日展で審査員を務め《巨木積雪》を出品、文部大臣賞を受賞する
		12月	京都市立芸術大学美術学部デザイン科テキスタイル・プロジェクト 沖縄ゼミ旅行
1991(平成3)年	59歳	2月	第1回染・清流展に《木魂》を出品する
		3月	第30回記念日本現代工芸美術展で審査員を務め《先島へ》を出品する
		4月	京都文化財団展示室運営委員会の委員を依嘱される(〜'95)
		5月	第11期現代京都の美術・工芸展―樹木・人間・表現―に《木魂》が出品される(京都文化博物館)
		8月	第30回記念秀作展日本現代工芸美術に《活火山景》を出品する
		8月	現代工芸美術家協会近畿会研修ツアー インドネシアへの美術研修(インドネシア更紗及び木工芸他) ジョグジャカルタ王宮訪問 ボロブドゥール見学
		11月	第23回日展に《原生雨林》を出品する
1992(平成4)年	60歳	1月	京都市立銅駝美術工芸高等学校講演会
		3月	第31回日本現代工芸美術展で審査員を務め《叢林》を出品する
		4月	第44回京展で審査員を務め《基》を出品する
		4月	京都市立芸術大学美術学部人事組織委員会委員長に就任する(〜'94)
		5月	'92全国都市緑化きょうと〝フェアー〟マスコット及び標語の選定 審査員座長(京都府・京都市)
		5月	第2回染・清流展に《先島へ》を出品する
		6月	日本現代染織造形協会主催 ブレーメン芸術大学学長懇話会を開催(国際交流会館)
		9月	現代工芸展―日本の新しい工芸―(フランクフルト・アム・マイン工芸美術館)オープニング渡独、西独各地研修旅行する
		11月	第24回日展で審査員(係主任)を務め《双噴煙》を出品する
		12月	中井貞次展(個展)銀座清月堂ギャラリーにおいて開催 屏風11点 小品4点出品
1993(平成5)年	61歳	3月	第23回日展出品作《原生雨林》が第49回日本藝術院賞を受賞する
		3月	第32回日本現代工芸美術展に《火山景Ⅱ》を出品する
		4月	京都市立芸術大学評議員に就任
		5月	第3回染・清流展に《叢林》(第31回日本現代工芸美術展出品作)を出品する
		5月	日本藝術院賞授賞式 天皇・皇后両陛下御臨席のもと犬丸直藝術院長より賞状授与(日本藝術院会館)
		5月	現代工芸展―日本の新しい工芸―がブレーメン市キト文化センターにおいて巡回展が開催され、出品する
		5月	日展理事に就任
		6月	美術選抜展に《気根Ⅱ》が出品される
		7月	日本藝術院賞展に《原生雨林》を出品する(銀座松屋百貨店)
		11月	第25回日展に《気根》を出品する
		11月	京都工芸ビエンナーレ展の審査員を務める
1994(平成6)年	62歳	3月	第4回染・清流展に《双噴煙》を出品する
		3月	第33回日本現代工芸美術展で審査員を務め《西表島の月》を出品する
		5月	京都市立芸術大学美術学部デザイン科テキスタイル・プロジェクトゼミ旅行 中国貴州省雲南省高地少数民族衣装研修

インドネシア美術研修 ジョグジャカルタ王宮訪問 伊東慶氏と(1991年)

現代工芸展―日本の新しい工芸―(フランクフルト・アム・マイン工芸美術館)

日本藝術院賞授賞式(日本藝術院会館)(1993年)

日本藝術院賞授賞記念撮影(1993年)

		8月	第24期現代京都の美術・工芸展に《巨木積雪》が出品される
		9月	佐賀県展で審査員を務め《杜》を特別出品する
		10月	少数民族衣装及び写真・資料展示する（京都市立芸術大学　大学会館ギャラリー）
		11月	第26回日展に《群生》を出品する
		11月	太秦広隆寺において天皇即位黄櫨染御袍、聖徳太子像更衣式典参列する
			平安建都1200年記念　美術選抜展に出品する
1995（平成7）年	63歳	1月	現代京都の工芸展（平安建都1200年記念）に《群生Ⅱ》が出品される（京都文化博物館）
		3月	第34回日本現代工芸美術展に《共存》を出品する
		5月	第5回染・清流展に《地表》を出品する
		8月	第27期京都の美術・工芸展「技と構想の輝き」に出品される（京都文化博物館）
		11月	第27回日展に《丘上都市》を出品する
		11月	京都府企画展シリーズ　中井貞次展が開催され、《ECOLOGY》その他数点出品する（172×860cm）（京都文化芸術会館）
		12月	京都市立芸術大学美術学部デザイン科研究室スタッフと学生によるウィーン・プラハへ退官記念研修旅行
1996（平成8）年	64歳	1月	京都府文化賞功労賞受賞
		3月	第35回日本現代工芸美術展で審査員を務め《群落》を出品する
		4月	京都市立芸術大学美術学部長・大学研究科長に就任
		5月	第14回京都府文化賞受賞展に出品される（京都文化博物館）
		8月	第31期京都の美術・工芸展に出品される
		10月	第51回徳島県美術展で審査員を務める（徳島郷土文化会館）
		11月	第28回日展に《何処かで》を出品する
		11月	京都市立芸術大学退官記念展が開催される（京都市立芸術大学芸術資料館、京都市四条ギャラリー）（京都市四条ギャラリー「デザイン科テキスタイル・プロジェクト33周年展」併催）
			第30期京都の美術・工芸展に出品される
1997（平成9）年	65歳	1月	日展京都展で講演と列品解説を行う　京都市繊維センター主催（以後多数回）
		3月	第36回日本現代工芸美術展で審査員を務め《生命》を出品する
		3月	京都市立芸術大学を定年退任し名誉教授となる
		5月	第49回京展で審査員を務め《樹相》を出品する
		8月	第15次教育文化界友好訪中団の顧問として西安より河西回廊、敦煌莫高窟を訪問　敦煌研究センター視察
		9月	第7回染・清流展に《響応》を出品する　京都市美術館、目黒区美術館において巡回展
		11月	第29回日展に《縄文杉》を出品する
		11月	韓・日現代工芸地平展（ソウル宇徳ギャラリー）渡韓　オープニングに参列
1998（平成10）年	66歳	2月	宮崎県展で審査員を務める
		3月	第37回日本現代工芸美術展に《樹轟》を出品する
		3月	第8回染・清流展に《樹性》を出品する　京都市美術館、目黒区美術館において巡回展
		7月	現代工芸美術家協会近畿会委員長に就任する
		7月	京都工芸美術作家協会理事に就任する
		8月	第16次教育文化界友好訪中団の顧問として北京、大同、雲崗、平遥、承徳へ

高地少数民族（苗族）と共に（中国雲南省）（1994年）

京都市立芸術大学退官記念パーティ（1996年）

嘉峪関長城付近にて（1997年）

韓・日現代工芸地平展（ソウル宇徳ギャラリー）
李信子館長、小山喜平氏夫妻と（1997年）

		11月	第30回日展に《路》を出品する
		11月	紺綬褒章受章
1999(平成11)年	67歳	2月	第22回京都工芸美術作家協会展に《Schwarzwald》を出品する
		2月	宮崎県展で審査員を務める
		3月	第38回日本現代工芸美術展で審査員を務め《樹座》を出品する
		3月	講演「工芸美術の動向」(宮崎県主催)
		3月	講演「デザインの発想と展開」(陶磁器共同組合連合会主催)
		4月	第17次教育文化界友好訪中団顧問として桂林、貴陽、石林、昆明、麗江、石鼓へ
		6月	第9回染・清流展に《樹と岩》を出品する
		6月	雅の彩「京の染展」出品と講演(なかとみ現代工芸美術館)
		11月	第31回日展に《桂林渺茫》を出品する
		11月	京都市文化功労者に顕彰される
		12月	現代工芸美術家協会近畿会の賛助会記念品として《行雲》テーブルクロスを制作
2000(平成12)年	68歳	1月	京都文化芸術会館開館30周年記念特別展に出品される
		2月	第23回京都工芸美術作家協会展に《桂林春望》を出品する
		3月	第39回日本現代工芸美術展に《桂林山容》を出品する
		6月	京都市立芸術大学創立120周年記念展に《桂林清鏡》を出品する(髙島屋グランドホール)
		7月	第10回染・清流展に《桂林》を出品する
		7月	講演「日本文化と工芸染織―歴史的変遷と将来への動向」(京都府総合教育センター・綾部)
		7月	倉敷芸術科学大学非常勤講師 大学院生対象集中講義「現代工芸論」(〜'08)
		8月	日本現代染織展(メンヘングラットバッハ・ライト城美術館)共同企画のもと開催 オープニング出席 以後フランドル地方のタピスリーの工房訪問
		10月	京展委員に就任する
		11月	第32回日展で審査員(係主任)を務め《山水》を出品する
2001(平成13)年	69歳	3月	第40回記念日本現代工芸美術展で審査員を務め《樹動》を出品する 以後沖縄浦添市立美術館に巡回 オープニングに出席
		4月	京展審査員を務める
		6月	創立55周年記念京都工芸美術作家協会に《萌》を出品する
		6月	第11回染・清流展に《桂林渺々》を出品する
		8月	第40回記念日本現代工芸美術展近畿展に《漓江山林》を出品する(大丸ミュージアムKYOTO)
		10月	京都の工芸 in エディンバラ展に出品する(エディンバラ市アート・センター)
		11月	第33回日展に《桂林の月》を出品する
		11月	滋賀県展で審査員を務め出品する
		12月	「京都の工芸―1945-2000」に《西表島の月》を出品する(東京国立近代美術館工芸館)
2002(平成14)年	70歳	3月	第41回日本現代工芸美術展に《連山》を出品する
		4月	第25回京都工芸美術作家協会展に《山野》を出品する
		4月	第12回染・清流展に《山河》を出品する
		6月	伊雑宮(三重県磯部町)御田植祭 法被を制作
		6月	京都市立芸術大学美術学部同窓会会長に就任
		7月	京都工芸美術作家協会副理事長に就任

第38回日本現代工芸美術展授賞式 審査講評(1999年)

日本現代染織展オープニングスピーチ (メンヘングラットバッハ・ライト城美術館)(2000年)

日本現代染織展(メンヘングラットバッハ・ライト城美術館)出品者一同(展覧会会場にて)(2000年)

フランドル地方のタピスリーの工房訪問(2000年)

		8月	国民文化祭夢フェスタとっとり　工芸部門審査員を務める
		9月	京展で審査員を務める
		10月	徳島県展で審査員を務める
		10月	滋賀県展で審査員を務め出品する
		11月	第34回日展に《風回廊》を出品する
		11月	《夢拓く飛翔》緞帳原画制作と監修　290×1100cm（京都市立西京高等学校7階多目的ホール）
		12月	京都府立第五中学校同窓会モニュメント　デザイン設計と監修
2003（平成15）年	71歳	2月	第26回京都工芸美術作家協会展に《蹟》を出品する
		3月	第42回日本現代工芸美術展で審査員を務め《西域の風》を出品する
		3月	財団法人京都文化財団展示室運営委員会委員に委嘱就任（〜'11）
		4月	第13回染・清流展に《山水月》を出品する
		7月	徳島ねんりんピック審査員を務める
		11月	滋賀県展の審査員を務め出品する
		11月	第35回日展で審査員（係主任）を務め《狼煙台》を出品する
2004（平成16）年	72歳	2月	第27回京都工芸美術作家協会展に《映》を出品する
		3月	第43回日本現代工芸美術展に《莫高窟回想》を出品する
		4月	第14回染・清流展に《山層》を出品する
		5月	日展会館竣工にあたり《桂林清鏡》を寄贈する
		8月	京都第一商業学校同窓会モニュメント「天行健」　デザインと監修（福建省泉州崇武石材工場で制作）
		10月	《雲の彼方へ》緞帳原画制作と監修　450×1460cm（京都市立西京高等学校体育館）
		11月	とびうめ国民文化祭（直方市）工芸部門審査主任を務める
		11月	第36回日展に《桂林》を出品する
2005（平成17）年	73歳	2月	第28回京都工芸美術作家協会展に《桂林月明》を出品する
		3月	第44回日本現代工芸美術展で審査員を務め《森の語らい》を出品する
		3月	日展会館オープン記念日展役員作品展に出品する
		5月	京展の審査員を務める
		6月	京都伝統工芸専門学校において講演
		11月	第37回日展に《桂林貝中》を出品する
		11月	日展京都展で講演と解説に当たる（京都産業技術研究所　繊維技術センター主催）、会報に「日展工芸の中の染織作品について」レポート掲載
2006（平成18）年	74歳	3月	第45回記念日本現代工芸美術展に《樹林回想》を出品する
		10月	京都工芸美術作家協会60周年記念展に《樹情》を出品する（高島屋グランドホール）
		11月	第38回日展に《仰ぐ》を出品する
		11月	国民文化祭やまぐち2006美術展（工芸）の審査員、講演「工芸に求められるもの」
		11月	SOMÉ 染・清流展オープン15年の歩み　partⅡに﨟纈染《叢林》《響音》の2点を出品する
2007（平成19）年	75歳	3月	第46回日本現代工芸美術展で審査員を務め《森韻》を出品する
		5月	京都アートフェアに《桂林水鏡》を出品する（高島屋グランドホール）

伊雑宮御田植祭・法被制作（2002年）

伊雑宮御田植祭　田道人法被
真名鶴飛翔稲穂落の図（2002年）

「天行健」モニュメント制作
福建省泉州崇武石材工場にて（2004年）

京都市立西京高等学校
「天行健」モニュメント設置ゾーン（2004年）

		5月	日展京都会創立総会を開催（会長　岩澤重夫　委員長　中井貞次）
		9月	第22回国民文化祭―おどる徳島―の審査主任を務める
		9月	第22回国民文化祭―とくしま2007阿波―の審査主任を務める
		10月	第16回染・清流展に《独樹》を出品する
		10月	丸紅美展（加賀友禅展）の審査員を務める
		11月	第39回日展に《森の間》を出品する（国立新美術館）
		11月	三重県展の工芸美術部門の審査員を務める（三重県文化会館）
2008（平成20）年	76歳	2月	現代工芸　春の小品展に《大樹》を出品する（髙島屋京都店美術画廊）
		2月	第31回京都工芸美術作家協会展で審査員を務め《森の口》を出品する
		3月	第47回日本現代工芸美術展に《凜と》を出品する
		4月	大阪音楽大学大学院特講非常勤講師「芸術文化の諸相」
		5月	京展の審査員を務める
		7月	京都アートフェアーにおいて講演「工芸と風土」
		7月	京都工芸美術作家協会理事長に就任
		10月	第40回日展で審査員（係主任）を務め《繋り》を出品する
		12月	未来を担う美術家たち　DOMANI・明日展（文化庁芸術家在外研修の成果）（文化庁・国立新美術館主催）に10点出品する（国立新美術館）　ギャラリートークを行う
		12月	日本藝術院会員に就任
2009（平成21）年	77歳	1月	上野伊三郎+リナコレクション展で講演（京都国立近代美術館）
		2月	第32回京都工芸美術作家協会展で審査員を務め《景》を出品する
		3月	第48回日本現代工芸美術展に《連樹》を出品する
		5月	第64回新潟県展の審査員を務める
		6月	第64回富山県展の審査員を務める
		6月	日本藝術院賞授賞式に新会員として参列（日本藝術院会館）　宮中賜茶会に招かれる
		10月	第41回日展に《オマージュ》を出品する
		11月	第61回三重県展の審査主任を務める
2010（平成22）年	78歳	2月	第32回京都工芸美術作家協会展で審査員を務め《賀茂なす》を出品する
		2月	第40回日展出品作《繋り》を日本藝術院へ寄贈する
		3月	第49回日本現代工芸美術展に《森の詩》を出品する
		5月	京都市立芸術大学創立130周年記念アートフェアーに《月光》を出品する（みやこめっせ）
		6月	「稲垣仲静・稔次郎兄弟展」で講演〝その人と作品―典型からリピートへ―〟（京都国立近代美術館）
		7月	京都アートフェアー2010に《桂林山水》を出品する
		8月	神宮美術館に《森の語らい》献納
		10月	第42回日展に《樹々の調べ》を出品する
		10月	日本藝術院・大韓民国芸術院交流展2010に出品される（日本藝術院会館）
		10月	「近現代染色の展開と現在」に出品される（茨城県立つくば美術館）
2011（平成23）年	79歳	3月	第50回記念日本現代工芸美術展で審査員を務め《森物語》を出品する（金沢21世紀美術館）
		3月	現代工芸50年のあゆみ秀作展に《西域の風》を出品する（石川県立美術館）
		3月	芸大生を育んだ先生の作品展に《清粋》を出品する（京都アクアギャラリー）
		7月	東日本大震災義援のためのサイレント・オークションに出品（京都市立芸術大学並同

展覧会図録より

日本藝術院会員伝達式後の記念撮影（2008年）

日展京都会主催日本藝術院会員就任祝賀会（京都ホテルオークラ）（2009年）

日・韓芸術院交流展
李信子韓国芸術院会員と（日本藝術院会館）（2010年）

神宮美術館前にて　家族と（2010年）

		学同窓会主催）
	9月	創立65周年記念京都工芸美術作家協会展に《雲湧く》を出品する
		国民文化祭参加京都工芸美術作家協会展　南丹文化博物館に巡回
	10月	第18回染・清流展に《極相林》を出品する（四曲屏風）
	10月	第43回日展に《湖の詩》を出品する
	12月	第65回滋賀県展で審査員を務め《山野》を出品する
	12月	京都美術工芸ビエンナーレ2012の審査員を務める
2012（平成24）年　80歳	1月	未来を担う美術家たち　DOMANI・明日展（文化庁芸術家在外研修の成果）（文化庁・国立新美術館主催）に《森の詩》を出品する(在外研修員制度45周年記念特別出品)
	2月	特別展―岸―歌会始御題によせて　に《桂林の月》を出品する（神宮美術館）　終了後作品献納
	4月	第51回日本現代工芸美術展で審査員を務め《風景》を出品する（東京都美術館）
	5月	日展京都会会長に就任
	5月	日展顧問に就任
	6月	天皇皇后両陛下による「お茶会」に招待される
	7月	京都工芸美術作家協会顧問に就任
	7月	京都市立芸術大学美術学部同窓会顧問に就任
	7月	「工芸再考」シンポジュームにパネラーとして出席（アサヒビール大山崎山荘美術館「夢の箱」）
	9月	『傘寿記念 中井貞次作品集―イメージを染める―』を求龍堂より出版

第42回日展オープニングレセプション会場にて（2010年）

第43回日展授賞式後の会にて（大樋年朗、奥田小由女両先生と）(2011年)

Teiji Nakai

1932	Born in Kyoto.
1953	9th NITTEN (Japan Fine Arts Exhibition); first prize: "Gathering Dusk, Atago Mountain."
1956	Graduated Kyoto City College of Fine Arts (currently Kyoto City University of Arts), Postgraduate Course Department of Crafts; assistant for Department of Design.
1961-62	Kyoto City College of Fine Arts: Overseas Art Research (Middle East, Greece, India).
1969	1st NITTEN (after re-organization) Special Award: "Sedimentary Layer."
1974-75	Japanese Government Overseas Study Program for Artists (Agency for Cultural Affairs) in Europe.
1977	Professor, Design Course, Department of Fine Arts, Kyoto City University of Arts; 9th NITTEN Special Award: "Space Between Trees."
1981	Judge for NITTEN Award (first of ten appointments).
1983	Board of Directors, Japan Contemporary Arts and Crafts Association.
1986	Japan Contemporary Textile and Arts Exhibition, Textile Museum, Heidelberg, Germany; Japan-German Textile and Arts (Voll Stoff) Exhibition and Symposium, K18 Hall Universitat Gesamthochschule Kassel, Germany; Trustee, NITTEN.
1990	NITTEN Ministry of Education Prize: "Snow on Sacred Tree."
1992	Contemporary Japanese Crafts Exhibition, Museum für Kunsthandwerk, Frankfurt am Main, Germany.
1993	Japan Art Academy Prize: "Primeval Rain Forest"; Board of Directors, NITTEN.
1995	Kyoto Prefectural Center for Arts and Culture, Special Exhibition: "Teiji Nakai Exhibition" at Kyoto Prefectural Center for Arts & Culture.
1996	Kyoto Prefecture Culture Award; Graduate Department Chair, Dean of Department of Fine Arts, Kyoto City University of Arts.
1997	Professor Emeritus, Kyoto City University of Arts.
1998	Medal of Honor of Japan ("Dark-Blue Ribbon Medal").
1999	Kyoto City Cultural Merit Award.
2000	Japan Contemporary Textile Exhibition, Museum Schloss Rheydt, Moenchengladbach, Germany.
2001	Arts and Crafts of Kyoto Exhibition, Edinburgh City Art Center, Edinburgh, Scotland.
2008	Administrative Director, Kyoto Association of Craft Artists; "DOMANI: The Art of Tomorrow" Exhibition; Achievement, Japanese Government Overseas Study Program for Artists, Agency for Cultural Affairs; Member of Japan Art Academy.
2010	Japan-Korea Art Exchange Exhibition, Japan Art Academy Hall.
2011	Judge for 50th Anniversary Contemporary Japanese Crafts Exhibition, 21st Century Museum of Contemporary Art, Kanazawa; Judge, *Kyoto Arts and Crafts Biennale 2012*.
2012	Advisor, NITTEN (National Art Center, Tokyo); Advisor, Kyoto Association of Craft Artists; *Dyed Images: Selected Work of Teiji Nakai* (Kyuryuudo).

Publications
- "Colors and Form in Life – Europe Three Volumes," Tankosha 1979:
  - *Amalgamate Beauty* (Islamic patterns in Europe);
  - *Beauty of Romanesque*;
  - *Beauty of Tapestry*.

目 録

作品　Part I

1.
瞑想
Oriental Contemplation
1974年(昭和49年)　172×172cm　浜紬　二曲屏風
第6回日展
京都市立芸術大学芸術資料館蔵

2.
王墓
Tomb of Cyrus the Great
1965年頃(昭和40年頃)　小品　麻　額装

3.
藍の空間
Indigo Sanctum
1969年(昭和44年)　152×120cm　麻　額装
第8回日本現代工芸美術展　現代工芸賞

4.
集積
Sedimentary Layer
1969年(昭和44年)　184×170cm　麻　二曲屏風
第1回改組日展　特選

5.
ENTRANCE
1969年(昭和44年)　148×120cm　麻紙　二曲屏風
第21回京展京展賞

6.
中東の遺構
Remnants of the Middle East
1972年(昭和47年)　172×184cm　浜紬　二曲屏風
第4回日展

7.
双幹
Twin Tree Trunks
1971年(昭和46年)　180×172cm　浜紬　二曲屏風
第3回日展
石馬寺蔵

8.
樋
Canal
1970年頃(昭和45年頃)　160×140cm　浜紬　二曲屏風

9.
民族の譜
Ethnic Inscription
1973年(昭和48年)　182×172cm　浜紬　二曲屏風
第5回日展

10.
雲
Cloud
1973年(昭和48年)　95×52cm　麻　染布
第26回京都美術懇話会展

11.
五月
Verdant May
1973年(昭和48年)　184×96cm　麻　二曲屏風
第12回日本現代工芸美術展

12.
佇まい
Conifer Continuum
1978年(昭和53年)　172×172cm　ドンゴロス　二曲屏風
第10回日展

13.
間の実在
Space Between Trees
1977年(昭和52年)　172×172cm　ドンゴロス　二曲屏風
第9回日展　特選
京都市立芸術大学芸術資料館蔵

14.
雲行
Drifting Clouds
1970年(昭和45年)　50×1000cm　麻　染布
現代工芸京都会実験展

15.
月あかり
Moonlight
1979年(昭和54年)　172×172cm　ドンゴロス　二曲屏風
第11回日展

16.
イマージュ
Andalusian Image
1976年(昭和51年)　170×140cm　麻紙　二曲屏風
第15回記念日本現代工芸美術展

17.
アンダルシアの想い出
Memories of Andalusia
1977年(昭和52年)　172×140cm　絹　二曲屏風
第29回京展

18.
カタロニアの月
Catalonian Moon
1979年(昭和54年)　171×142cm　麻　二曲屏風
第18回日本現代工芸美術展

19.
火山景・II
Volcanic Plumes II
1993年(平成5年)　172×172cm　麻　二曲屏風
第32回日本現代工芸美術展

20.
追憶
Reminiscent of Sakurajima, Kyushu
1981年(昭和56年)　142×142cm　浜紬　二曲屏風
第33回京展

21.
活火山景
Volcano Comes Alive
1983年(昭和58年)　142×142cm　麻　二曲屏風
第22回日本現代工芸美術展

22.
火山去来
Lava Flow
1982年(昭和57年)　172×172cm　麻　二曲屏風
第14回日展

23.
噴煙
Volcanic Plumage
1981年(昭和56年)　174×140cm　浜紬　二曲屏風
第20回日本現代工芸美術展

24.
火山回想
Volcanic Vistas
1981年(昭和56年)　172×172cm　麻　二曲屏風
第13回日展
京都市美術館蔵

25.
火山景
Volcanic Plumes
1980年（昭和55年）　172×172cm　麻　二曲屏風
第12回日展

26.
双噴煙
Two Plumes
1992年（平成4年）　172×172cm　麻　二曲屏風
第24回日展

27.
浮游
Meandering Jellyfish
1984年（昭和59年）　142×142cm　麻　二曲屏風
第23回日本現代工芸美術展

28.
くらげ（群游）
Brood of Jellyfish
1984年（昭和59年）　60×60×60cm　4点、120×60×60cm
2点　ドンゴロス　アブストラクター
第1回日本現代染織造形展

29.
熔岩海岸
Lava Meets the Sakurajima Shore
1989年（平成元年）　172×172cm　麻　二曲屏風
第28回日本現代工芸美術展

30.
噴煙浮上
Framing Volcanic Fumes
1982年（昭和57年）　143×143cm　麻　二曲屏風
第21回日本現代工芸美術展

31.
明日を待つ女
Woman Contemplating Tomorrow
1985年（昭和60年）　172×172cm　麻　二曲屏風
第24回日本現代工芸美術展

32.
突然の女
Unexpected Female Visitation
1984年（昭和59年）　172×172cm　インド綿　二曲屏風
第16回日展

33.
三角形のテキスト
Pyramid Texts
1983年（昭和58年）　172×172cm　浜紬　二曲屏風
第15回日展

34.
西独・冬の旅
Inspired by Franz Schubert: *Winterreise* in West Germany
1986年（昭和61年）　172×172cm　麻　二曲屏風
第25回日本現代工芸美術展

35.
メルヘン街道
Germany's "Fairy-Tale Road"
1987年（昭和62年）　172×172cm　麻　二曲屏風
第26回日本現代工芸美術展

36.
堂内
Within the Edifice
1989年（平成元年）　172×172cm　麻　二曲屏風
第21回日展

37.
祈りの空間
A Place for Prayer in the Basque Provinces
1988年（昭和63年）　172×172cm　麻　二曲屏風
第20回日展

38.
白夜
White Night
1988年（昭和63年）　172×172cm　麻　二曲屏風
第27回日本現代工芸美術展

39.
日蝕
White Eclipse
1987年（昭和62年）　172×172cm　綿　二曲屏風
第19回日展

40.
巨木積雪
Snow on a Sacred Tree
1990年（平成2年）　172×172cm　麻　二曲屏風
第22回日展　文部大臣賞
京都府立総合資料館蔵

41.
木魂
Tree Spirits
1990年（平成2年）　172×172cm　麻　二曲屏風
第29回日本現代工芸美術展
染・清流館蔵

42.
原生雨林
Primeval Rain Forest
1991年（平成3年）　172×172cm　麻　二曲屏風
第23回日展
日本藝術院賞
京都国立近代美術館蔵

43.
叢林
Primordial Forest, Ishigaki Island
1992年（平成4年）　172×172cm　麻　二曲屏風
第31回日本現代工芸美術展
染・清流館蔵

44.
先島へ
To Sakishima Islands in the Ryukyu Archipelago
1991年（平成3年）　172×172cm　麻　二曲屏風
第30回記念日本現代工芸美術展
染・清流館蔵

45.
群生
Symbiosis
1994年（平成6年）　172×172cm　麻　二曲屏風
第26回日展

46.
共存
Coexistence
1995年（平成7年）　172×172cm　麻　二曲屏風
第34回日本現代工芸美術展

47.
ECOLOGY
1995年（平成7年）　各172×172cm　麻　二曲屏風5隻
京都府企画展シリーズ「中井貞次展」
京都市立芸術大学芸術資料館蔵

48.
基
Fountainhead
1992年(平成4年)　小品　麻　額装
京都市立銅駝美術工芸高等学校蔵

49.
西表島の月
The Moon Through the "Looking-Glass Tree" on Iriomote Island
1994年(平成6年)　172×172cm　麻　二曲屏風
第33回日本現代工芸美術展
京都国立近代美術館蔵

50.
生命
Vitality
1997年(平成9年)　172×172cm　麻　二曲屏風
第36回日本現代工芸美術展

51.
縄文杉
The Jomon Cedar Tree of Yakushima
1997年(平成9年)　172×127cm　麻　二曲屏風
第29回日展

52.
樹轟
The Roar of the Forest
1998年(平成10年)　172×172cm　麻　二曲屏風
第37回日本現代工芸美術展

53.
樹性
Forest Soul, Yakushima
1998年(平成10年)　172×172cm　麻　二曲屏風
第8回染・清流展

54.
樹座
Tranquility of Tree and Rock, Yakushima
1999年(平成11年)　172×172cm　麻　二曲屏風
第38回日本現代工芸美術展

55.
響応
Resonance
1997年(平成9年)　172×344cm　麻　四曲屏風
第7回染・清流展
染・清流館蔵

56.
何処かで
Somewhere in the European Mountains
1996年(平成8年)　150×150cm　麻　二曲屏風
第28回日展

57.
路
The Road
1998年(平成10年)　173×122cm　麻　二曲屏風
第30回日展

58.
遠望(メルヘン街道)
A Distant View of the "Fairy-Tale Road"
1998年(平成10年)　小品　麻　額装

59.
Schwarzwald
Schwarzwald – The Black Forest
1998年(平成10年)　72×93cm　麻　額装

60.
桂林春望
Spring in Guilin
2000年(平成12年)　50×40cm　麻　額装
第23回京都工芸美術作家協会展

61.
桂林清鏡
Guilin Reflections
2004年(平成16年)　小品　麻　額装
日展会館蔵

62.
桂林渺茫
Eternal Vista, Guilin
1999年(平成11年)　160×140cm　麻　二曲屏風
第31回日展

63.
山水
Mountains and Rivers Without End
2000年(平成12年)　160×140cm　麻　二曲屏風
第32回日展

64.
山河
Mountains and Streams in China
2002年(平成14年)　各142×321cm　麻　四曲屏風一双
第12回染・清流展

65.
桂林
Guilin
2004年(平成16年)　170×120cm　麻　二曲屏風
第36回日展

66.
桂林の月
Guilin Moon
2001年(平成13年)　146×76cm　麻　額装
第33回日展
神宮美術館蔵

67.
桂林
Guilin
2000年(平成12年)　160×410cm　麻　六曲屏風
第10回染・清流展
染・清流館蔵

68.
桂林山容
Guilin Mountain Profile
2000年(平成12年)　172×172cm　麻　二曲屏風
第39回日本現代美術展

69.
山層
Mountain Palimpsest
2004年(平成16年)　140×160cm　麻　二曲屏風
第14回染・清流展
麻布藍染

70.
桂林山水
Guilin Landscape
2011年(平成23年)　45×65cm　麻　額装

71.
桂林の月
Moon Over Guilin
2011年(平成23年)　47×65cm　麻　額装

72.
山水月
Moon, Water, and Mountain
2003年(平成15年)　140×320cm　麻　四曲屏風
第13回染・清流展

73.
連山
Mountain Range
2002年(平成14年)　140×160cm　麻　二曲屏風
第41回日本現代工芸美術展

74.
桂林只中
Guilin Essence
2005年(平成17年)　140×160cm　麻　二曲屏風
第37回日展

75.
蹟
Ruins Near Dunhuang
2003年(平成15年)　80×70cm　麻　額装
第26回京都工芸美術作家協会展

76.
西域の風
Winds of Western China
2003年(平成15年)　140×160cm　麻　二曲屏風
第42回日本現代工芸美術展

77.
風回廊
Windy Hexi Corridor
2002年(平成14年)　140×160cm　麻　二曲屏風
第34回日展

78.
莫高窟回想
Memories of the Magao Grottoes
2004年(平成16年)　140×160cm　麻　二曲屏風
第43回日本現代工芸美術展

79.
狼煙台
Ancient Signal Tower
2003年(平成15年)　140×160cm　麻　二曲屏風
第35回日展

80.
連樹
Link of Trees
2009年(平成21年)　160×140cm　麻　二曲屏風
第48回日本現代工芸美術展

81.
森の語らい
Conifer Conference
2005年(平成17年)　160×140cm　麻　二曲屏風
第44回日本現代工芸美術展
神宮美術館蔵

82.
凛と
Dignity of the Forest
2008年(平成20年)　140×160cm　麻　二曲屏風
第47回日本現代工芸美術展

83.
森の間
"Song of the Forest" – Inspired by Dimitri Shostakovich
2007年(平成19年)　140×160cm　麻　二曲屏風
第39回日展

84.
森の詩
Forest Poesy
2010年(平成22年)　160×140cm　麻　二曲屏風
第49回日本現代工芸美術展

85.
繋がり
Bridging Heaven and Earth
2008年(平成20年)　160×140cm　麻　二曲屏風
第40回日展
日本藝術院蔵

86.
森韻
Forest Rhymes
2007年(平成19年)　140×160cm　麻　二曲屏風
第46回日本現代工芸美術展

87.
樹林回想
Forest Rejuvenation
2006年(平成18年)　140×160cm　麻　二曲屏風
第45回記念日本現代工芸美術展

88.
オマージュ
Homage to the Forest
2009年(平成21年)　160×140cm　麻　二曲屏風
第41回日展

89.
春宵
Spring Evening
2010年(平成22年)　45×60cm　麻　額装

90.
秋奏
Autumn Timbre
2010年(平成22年)　45×60cm　麻　額装

91.
極相林
Forest Apotheosis
2011年(平成23年)　160×280cm　麻　四曲屏風
第18回染・清流展

92.
月光
Moonlight
2010年(平成22年)　50×40cm　麻　額装
京都市立芸術大学創立130周年記念アートフェア

93.
樹々の調べ
Conifer Quartet
2010年(平成22年)　160×140cm　麻　二曲屏風
第42回日展

94.
京北の夏
Summer in North Kyoto Prefecture
2010年(平成22年)　小品　麻　額装

95.
冬至
Winter Solstice
2010年(平成22年)　小品　麻　額装

96.
大樹
One Large Tree
2006年(平成18年)　44×34cm　麻　額装

97.
風樹
Swaying in the Wind
2006年(平成18年)　44×34cm　麻　額装
現代工芸近畿会小品展

98.
森の詩
Forest Song
2006年(平成18年)　小品　麻　額装

99.
山野
Fields and Mountains in Guilin
2012年(平成24年)　45×51cm　麻　額装

100.
湖の詩
Lake Poems
2011年(平成23年)　160×140cm　麻　二曲屏風
第43回日展

101.
樹林 I
Forest I
2012年(平成24年)　54×40cm　麻　額装
高寿会

102.
樹林 II
Forest II
2012年(平成24年)　54×40cm　麻　額装
高寿会

103.
独樹
Solitary Tree
2007年(平成19年)　140×160cm　麻　二曲屏風
第16回染・清流展

104.
映
River Reflection
2004年(平成16年)　小品　麻　額装
第27回京都工芸美術作家協会展

105.
森物語
Tale of the Woods
2011年(平成23年)　88×120cm　麻　額装
第50回記念日本現代工芸美術展

106.
風景
Landscape
2012年(平成24年)　160×140cm　麻　二曲屏風
第51回日本現代工芸美術展

作品　Part II

1.
樹海
1978年(昭和53年)　240×1700cm　麻　パネル23枚
個展(朝日画廊)

2.
白い街
1980年(昭和55年)　170×140cm　浜紬　二曲屏風
第19回日本現代工芸美術展

3.
噴煙
1992年(平成4年)　小品　麻　額装

4.
活火山景
1992年(平成4年)　小品　麻　額装

5.
噴煙浮上
1992年(平成4年)　小品　麻　軸装

6.
気根
1993年(平成5年)　172×172cm　麻　二曲屏風
第25回日展

7.
丘上都市
1995年(平成7年)　150×150cm　麻　二曲屏風
第27回日展

8.
群落
1996年(平成8年)　172×172cm　麻　二曲屏風
第35回日本現代工芸美術展

9.
樹
2004年(平成16年)　小品　麻　額装
第43回日本現代工芸美術展近畿展　小品展

10.
風雲
1998年(平成10年)　小品　麻　額装

11.
桂林
2000年(平成12年)　40×55cm　麻　額装

12.
月の桂林〈映〉
2002年(平成14年)　45×180cm　麻　風炉先屏風

13.
緞帳《夢拓く飛翔》
2003年(平成15年)　290×1100cm
京都市立西京高等学校　メモリアルホール
原画／中井貞次　製作監修／株式会社龍村美術織物　製織／桐
織物工場

14.
緞帳《雲の彼方へ》
2004年(平成16年)　450×1460cm
京都市立西京高等学校　体育館アリーナ
原画／中井貞次　製作監修／株式会社龍村美術織物　製織／桐
織物工場

15.
樹幹
2008年(平成20年)　小品　麻　額装

16.
森の日
2011年(平成23年)　小品　麻　額装

17.
桂林遠望
2008年(平成20年)　小品　麻　額装

18.
雲湧く
2011年(平成23年)　60×100cm　麻　額装
65周年記念京都工芸美術作家協会展

19.
臘梅
2012年(平成24年)　25×55cm　麻　額装

写生
Life Sketches

クロッキー
Croquis

毛筆画
Wash Drawing

スケッチ
Sketches

図案
Designs

下絵
Preliminary Sketches

ポスター・新聞
Posters · Newspaper Articles

あとがき

　作品集の上梓につきましては、展覧会図録等の編集出版で長年にわたりお世話になっておりますニューカラー写真印刷社長、髙木太郎様に以前より度々お声をかけて頂いておりました。

　しかし、私にはまだまだ遠い先の話のように思えておりましたが、傘寿が現実のものとなり、創作活動は60年目に入り、戸惑いながらの纏めとなりました。そして、出版は求龍堂様ということが決まり、ニューカラー写真印刷の山本哲弘様、中村祐輔様、求龍堂の小俣嘉之様との間で編集会議を重ね、だんだんと全体像が見えはじめ、やがて急ピッチでの進行となりました。ここに予定通り上梓に漕ぎつけられたことに関係諸氏に深く感謝を申し上げます。

　そして、何よりもご執筆を賜りました梅原猛先生、内山武夫先生、木村重信先生には、ご繁忙にも拘らず貴重な時間をかけていただき、身に余る玉稿を頂戴し、大変有り難く思っております。今後は、玉稿にお応えすべく創作活動の大いなる資として、制作に更なる精魂を込め取り組んでいく所存でございます。

　また、翻訳につきましては、桂美千代様に携わって頂き、海外の方々にも広くご高覧頂けることになり、誠に嬉しく思っております。

　上梓に当たり、美術専門図書オンリーの写真印刷にこだわり続けてこられた髙木太郎様に敬意を表すると共に、ご当所で作品集創りができたこと、また、求龍堂様より出版して頂けることに大きな喜びを感じております。

　最後になりましたが、作品の掲載等につきご快諾を頂きました所蔵各機関、所蔵家の方々に厚く御礼を申し上げます。また、今日まで私の創作活動にいろいろとご支援、ご鞭撻を賜りました多くの方々に、心より感謝と御礼の言葉を申し上げる次第でございます。

2012年　夏

中井貞次